Giorgo Christen

Mi@u

Der ultimative Wegweiser für Katzen und ihre Freunde im Internet

Mit Illustrationen von Falko Honnen

Europa Verlag
Hamburg • Wien

„Wenn du ihre Zuneigung
verdient hast,
wird eine Katze
dein Freund sein,
aber niemals
dein Sklave.“

Theophile Gautier

Die Deutsche Bibliothek – CIP-Einheitsaufnahme
Ein Titelsatz für diese Publikation ist bei
Der Deutschen Bibliothek erhältlich

Umschlaggestaltung: Kathrin Steigerwald, Hamburg
Foto: Plastok, Photonica
Illustrationen: Falko Honnen, Troisdorf
Druck und Bindung: Wiener Verlag, Himberg bei Wien
ISBN 3-203-84575-X

Informationen über unser Programm erhalten Sie beim
Europa Verlag, Neuer Wall 10, 20354 Hamburg
oder unter www.europaverlag.de

Inhalt

**„Ich habe drei Haustiere,
die dieselbe Funktion erfüllen
wie ein Ehemann: einen Hund,
der jeden Morgen knurrt,
einen Papagei, der den ganzen
Nachmittag lang flucht,
und eine Katze, die nachts
spät nach Hause kommt."**

Marie Corelli

**„Wer die Katze
im Sack kauft,
kann sie schneller
ertränken."**

Katzenhasser-Spruch aus dem Web

Weshalb Katzen ins Netz müssen

Es ist bekannt, daß wir Katzen einen besonderen Platz im Kosmos einnehmen und über geheime Kommunikationswege verfügen. Leider lassen sich über diese nur Informationen übermitteln, die nur von geistig hochstehenden Wesen wie Katzen verstanden werden und die z.B. das Universum als Ganzes im Gleichgewicht halten. Es versteht sich, daß Menschen mit der dort verwandten Kommunikationsweise und ihrer sublimen Begrifflichkeit völlig überfordert wären.

Der Versand eines E-Mails ist daher auf katzenkommunikativem Wege leider unmöglich, und es bereitet auch Schwierigkeiten, Rezepte für Katzenfutter oder Bezugsquellen für Kratzbäume via menschliche Schnittstelle zu übermitteln. Deshalb brauchen Katzen – und Menschen – ein anderes, simpleres Medium: das Internet.

Daß viele Katzenhalter ihre Katze lieber offline sehen möchten, ist bekannt.

Die eine Gruppe – die sogenannten Ungern-User – verbindet mit „ihrer" Katze gerade nicht die kalte, seelenlose Welt der Technik, sondern das pralle, warme, schnurrende Leben. Hier der bockbeinige, trotz aller menschlichen Bemühungen immer wieder abstürzende Computer, dort die friedlich ruhende Katze. Natürlich sind wir Katzen uns darin einig, daß es nur die unzureichenden „menschlichen Bemühungen" sind, die den Rechner in diese absolut instabilen Betriebszustände bringen und somit eine menschliche Phobia digitalis hervorrufen.

Die andere Gruppe – sich selbst als Power-User einstufend – bedient den Rechner perfekt und ohne Probleme, benutzt das wertvolle Gerät aber für Nichtigkeiten wie Finanzbuchhaltung, Korrespondenz, Wettersimulationen oder Börsentransaktionen.

Es ist Aufgabe der Katze, beide Gruppen an den sinnvollen Umgang mit Computer und Internet heranzuführen. Dabei kann dieses Buch helfen.

Wie soll dies geschehen? Beachten Sie die wichtigsten Grundregeln in der Kommunikation mit Menschen:

**„Misch dich nicht ein
in die Affären deiner Katze.
Katzen sind scharfsichtig, und
sie werden dir auf deinen
Computer pinkeln."**

Bruce Graham

1. Überfordern Sie Ihren Menschen nicht!
2. Gehen Sie Schritt für Schritt vor!
3. Lassen Sie theoretischen Erläuterungen stets praktische Übungen folgen!
4. Gönnen Sie Ihrem Menschen die nötigen Ruhepausen und sorgen Sie für gute Ernährung, ausreichend Zuwendung und viel Auslauf!

Ohne Maus geht es nicht

Daß es ohne Maus nicht geht, weiß jede erfahrene Katze. Wenn Ihr Mensch noch nicht online ist oder gar nicht einmal einen Computer besitzt, ist ihm dies keineswegs klar. Sorgen Sie also dafür, daß er das geeignete Gerät anschafft und online bringt.

Wie können Sie erreichen, daß Ihr Mensch den geeigneten Computer wählt? Ganz einfach – schieben Sie ihm morgens beim Frühstück den geeigneten Prospekt aus der Tageszeitung so unter, daß er ihn zwangsläufig beachten muß. Denken Sie dabei an den Unterschied der Geschlechter! Männer reagieren auf dramatische technische Daten und Brutalo-Design, während Frauen gern bunte und niedliche Geräte kaufen.

Welchen Computer soll Ihr Mensch nun erwerben? Da wir Katzen ja in Äonen denken, sind uns Prozessortypen und Megahertz-Zahlen völlig wurscht. Überlassen Sie die detaillierte Auswahl ruhig Ihrem Menschen! Achten Sie aber darauf, daß er sich keine völlig veralteten Modems andrehen läßt, sondern für eine schnelle ISDN- oder DSL-Verbindung sorgt. Dies erreichen Sie, indem Sie während entsprechender Fernsehspots für geeignete Peripherie besonders zufrieden schnurren.

„Wenn ich mit meiner Katze spiele, bin ich nie ganz sicher, ob nicht ich ihr Zeitvertreib bin.“

Michel de Montaigne

Was katz sonst bei Hard- und Software beachten muß? Menschen sind manchmal an völlig unsinnigen Stellen geizig. Im Computerbereich ist dies besonders bei der Anschaffung von Monitoren der Fall. Wenn Ihr Mensch einen billigen 15-Zöller erwirbt, wird er a) sich seine ohnehin schlechten Augen völlig verderben und b) Ihnen als Katze die Sicht auf das Web mit seinem dicken Kopf dermaßen blockieren, daß Sie gar nichts zu sehen bekommen.

Geben Sie Ihrer Abneigung gegen das Gerät mit Fauchen und aufgestelltem Fell Ausdruck. Gerade das steil aufgerichtete Katzenhaar wird Ihrem Menschen die diffuse Angst einimpfen, magnetische Felder könnten seine (und die Gesundheit seiner Katze) gefährden.

Bei hartnäckigen Monitor-Ignoranten müssen Sie zu härteren Mitteln greifen: Zerkratzen Sie ihm (dem Monitor) am besten das Gesicht oder werfen Sie das viel zu kleine Schrottgerät so oft durch „ungeschicktes Herumtollen" vom Schreibtisch, bis Ihr Mensch mindestens einen 17-Zöller guter Qualität anschafft. Umschleichen Sie dann den geeigneten Monitor zufrieden schnurrend und mit erhobenem Schwanz.

Welchen Anbieter und Tarif soll Ihr Mensch wählen? Am besten einen mit Flatrate, denn er – und Sie – werden viele Stunden im Netz verbringen …

Wie kommt Ihr Mensch ins Netz?

Nicht nur Menschen sind unvollkommen: Computer können durchaus mithalten. Wenn Ihr Mensch zu den unerfahrenen Usern gehört – sorgen Sie unbedingt dafür, daß er sich helfen läßt! Online-Verbindungen über das DFÜ-Netzwerk sind nicht jederkatzens Ding, und manche Zugangssoftware tut vor allem eines: Ihren Menschen in den Wahnsinn treiben. Sie als Katze haben das auszubaden: Abbau von Psychostreß, emotionale Stabilisierung usw. Das volle Programm, Sie kennen das.

Also beachten Sie bitte: Bestimmte Menschen können besser Online-Verbindungen herstellen als andere – dafür können erstere sich nicht mehr in einem allgemeinverständlichen Deutsch über Computer ausdrücken. Erklärungsversuche (Computerprofi berät Computertrottel) verlaufen meist im digitalen Sande. Das Beste ist: der Rechner kommt fix und fertig konfiguriert ins Haus. Doppelklick, und das Ding geht online. So soll es sein! Dabei kann es nötig sein, sich rechtzeitig bei einem Provider (= Online-Service-Anbieter) wie T-Online, AOL oder einer nur lokal aktiven Firma anzumelden. Preisunterschiede sind marginal.

Wenn Sie aber sicher wissen, daß Ihr Mensch unzuverlässig in solchen Dingen ist, können Sie ihm auch den Prospekt eines der zahlreichen Call-by-Call-Anbieters unterschieben.

Was ist wie gut?

Es geht los! Der Rechner steht auf einem katzenkompatiblen Platz, er ist eingeschaltet und online. Wohin soll Ihr Mensch Sie nun surfenderweise bringen? Wir Katzen können es ihm nicht verraten – übermitteln Sie mal Web-Adressen mit nichts als Gemaunze und vier Pfoten! Vielleicht sind die hier genannten Sites und die dafür vergebenen (natürlich völlig subjektiven) Smileys Auswahlkriterium:

Ganz nett, kann man sich anschauen

Stark, viel Site fürs Geld

Schnurrstark, beste Qualität

Achtung: Die folgenden Abwertungen sind nicht immer ganz ernst gemeint. Das Auftauchen der folgenden Zeichen

bedeutet möglicherweise:

a) Für die Katz, da muß man nicht hin ...
b) Wer mag, kann sich darüber aufregen.
c) Das lohnt die Online-Gebühren nicht.

Die wichtigsten Katzen-Sites

Hier also das volle Programm: Sites und Linkpages, wo die Katze von Welt hin und wieder einmal vorbeisurft. Natürlich handelt es sich nur um eine kleine Auswahl der Möglichkeiten. Wenn Sie selbst weitersuchen wollen, empfehlen wir unsere Linkpages (S. 125).

www.miau.de

Mit dieser genialen Web-Adresse kann eine Netzseite nur zum absoluten **Muß für alle Katzen** und Katzenfreunde werden. Hier gibt es Informationen zum Thema Tierschutz (muß ins Grundgesetz!), über widerwärtige Katzenfänger, eine virtuelle Sprechstunde (eine Tierärztin steht mit Rat und Tat zur Verfügung); eine „Positiv-Liste" empfehlenswerter Tierärzte. Auch ein schwarzes Brett mit Neuigkeiten, Terminen und Kleinanzeigen und ein Diskussionsforum stehen zur Verfügung.

Wer virtuelle „Postkarten" versenden möchte, findet den entsprechenden Link. Buch-Shop, Katzen-Lexikon, hilfreiche Katzentips, Geschichten und Gedichte über

Katzen, Links z.B. zum „Katzenhotel MIAU" samt Speisekarte – kaum zu glauben, dieses Angebot. Sogar den aktuellen Biorhythmus Ihrer Katze finden Sie hier.

www.schmusekatzen.de

Noch so eine Seite, bei der man nicht weiß, wo man anfangen soll. **Es gibt alles**, hier nur in Stichworten: Warnung vor giftigen Pflanzen, Katzen im Straßenverkehr, Epilepsie bei Katzen, die Winterhütte für Streuner, Tiere als Geschenk, Katzenfreigehege, Tierschutz-Links, Katzenfutter-Datenbank, Schmusekatzen-Newsletter und vieles mehr. Beeindruckend: die Seite zum Thema Katzen im Straßenverkehr.

www.katzenwunderwelt.de

Diese Site bietet jede Menge **Service** rund um die Vierbeiner: WebCams, die Bilder von Katzen zeigen, einen Psychotest: „Sind Sie ein Katzentyp?", Steckbriefe von Katzen aus aller Welt, eine Rubrik mit vermißten Katzen, Chats mit Katzenliebhabern, digitale Katzenpostkarten, kostenlose E-Mail-Adressen mit der Endung „Katzenwunderwelt.de", eine Wahl zur Katze des Monats, ein lebendiges Katzen-Forum mit zahlreichen Beiträgen, Schnappschüsse von Katzen, einen aktuellen öffentlichen Online-

Kalender für Termine wie Katzenausstellungen u.v.m. Die Katzen des Betreibers dieser Site sind mit eigenen Seiten vertreten: Sie heißen Beques, Miezie, Minna und Paulchen.

www.juhukatzen.de

Juhu!Katzen! nennt sich das größte deutschsprachige Katzen-Webverzeichnis. Hier finden sich mehr als **900 Katzen-Sites** übersichtlich nach Rassen sortiert, etliche aktuelle Ausstellungstermine …

„Es gibt keinen Snooze-Knopf an einer Katze, die ihr Frühstück will."

Anonym

www.katzen-online.de

www.mypetstop.com/ger

Zwei Domain-Namen führen zu denselben Inhalten: Wenn Sie auf den Katzen-Link klicken, bekommen Sie Infos, Kontakt zu einem Katzen-Freundeskreis, es gibt Tips und Katzengeschichten. **Nett gemacht** ist die Info-

Datenbank zu den Rassekatzen. An einigen Stellen scheint diese Katzenpage noch nicht ganz fertig zu sein (Züchterlinks).

www.cats-world.de

Gute Katzenfreunde-Seite mit Ratschlägen, einer Galerie mit Rassekatzen, Stories, Fragen an **„Dr. Winter**", eine Art Dr. Sommer für Katzen und ihre Besitzer. Und es gibt eine Frauenseite und gute Buchtips.

www.katzen.ch

Zuallererst: die Musik nervt (zumindest jede trendorientierte Katze). Ansonsten bietet die Seite **viel Sinnvolles**: Eine tierpsychologische Beratung (telefonisch oder via E-Mail – kostet leider Geld), den Spruch des Tages, eine Tierbild-Galerie, Hinweise für die Auswahl gesunder Jungkatzen, eine Liste giftiger Pflanzen; einen Impfplan für Katzen gibt es umsonst. Das Lexikon der Fachbegriffe habe ich schon anderenorts erwähnt. Eine Tabelle zeigt das Alter der Katze im Vergleich zum Menschenalter. Die Kleininserate für Tiere werden wohl von irgendwelchen simpel strukturierten Witzbolden gehackt und waren zum Zeitpunkt meines Besuches leider unbrauchbar.

www.hundekatze.de

Zwar wird auch Hunden, Vögeln und Fischen (lecker!) einiger Platz eingeräumt, aber das wohl nicht ganz ernstgemeinte Katzen-Horoskop und die Informationen zur Entstehung der einzelnen Katzenrassen machen **Spaß**. Manche Informationen sind etwas verborgen, wie z.B. der Text über Katzen und Aberglauben.

claw.org

The Service Club For Cats Who Care – skurrile Katzenseite mit Links zu Vereinen und Interessengruppen; die Schau: das **Claws Theater** mit Katzen als Darstellern. Weiter gibt es Katzenbilder, Comics, Filme, Musik.

www.katze-und-du.at

Ein sachliches, aber ausführliches Katzen-Portal einer **österreichischen** Katzen-Boutique. Themenauswahl: Geschichte der Katzen, Leben mit Katzen, Eine Katze zieht ein, Die Katze verstehen, Tip-to-Tail: Wie „funktioniert" die Katze?, Ernährung, Katzenstreu, Geruchstilger, Fellpflege, Parasitenschutz, Diätnahrung, Krankheiten, Impfplan, Reisen mit Katzen, Katze gefunden? Katze entlaufen? Weiter: Links zu Tierärzten, Tierfotografen, Katzensittern, Katzenpensionen, Versicherungen, Katzenfriedhöfen echt und virtuell sowie Katzenkrematorien in Österreich, Tierschutzhäusern und Gedenkseiten. In der News-Rubrik gute Nachrichten zum Thema Katze, z.B. über das Wiener Katzenmuseum.

www.witzkatz.de
www.buecherkatze.de

Gleich unter mehreren Domainnamen verfügbare, **umfangreiche** Seiten mit Infos über Katzenhaltung, Katzenpsychologie, Katzenbücher (Katzenromane und -krimis, Bilderbücher, Kindergeschichten), Katzenkunst, Katzenspielzeug mit Bastelanleitungen, Postkartenservice und die Regenbogenbrücke, den Ort, wo sich gestorbene Tiere und ihre menschlichen Freunde treffen können. Die WitzkatzCam funktionierte bei mir leider nicht. Klare Auskunft über den Standpunkt der Site-Betreiber gibt Mark Twains Ausspruch:

„Könnte man den Menschen
mit der Katze kreuzen,
würde man damit den Menschen verbessern,
aber die Katze verschlechtern …"

www.katzennothilfe.de

Tierschutzverein und Katzennothilfe e.V.; bunte Katzenpage mit **Musikberieselung** à la Kaufhaus (die diese Seite so nicht verdient hat – na ja, mein Geschmack ist es nicht). Unterseiten: Sie möchten eine Katze?, Dosenöffner gesucht, Geschichten und Gedichte, Linkseite, Aktuelles, Pet-Sitter-Service, Katzen-Chat.

www.woofsandmeows.com

Sehr gute **englisch**sprachige Katzenseite mit vielen Tips und umfangreichen Informationen, u.a. zum Thema Gesundheit, Quiz und Fotowettbewerb; einfach zu bedienen.

www.maximegalon.com/cybercatz

Gelungene Katzen-Seite mit den unüblichen Themen Katzen-Massage (mit Anleitung und bunten Bildern) und **Katzenkunst** (Originale großer Künstler). Zudem gibt es u.a. Katzennamen und eine Sammlung von Katzenzitaten. Hier eine kleine Auswahl:

„Katzen sitzen immer an der falschen Seite einer Tür. Läßt man sie raus, wollen sie rein – läßt man sie rein, wollen sie raus.“ – Yolanda, Florida

„Katzen wurden in die Welt gesetzt, um das Dogma zu widerlegen, alle Dinge seien geschaffen, um den Menschen zu dienen." – Paul Gray

„Das beste Modell für eine Katze ist eine Katze. Möglichst dieselbe Katze." – Norbert Wiener, Kybernetiker

Ach ja, vergessen wir nicht ErotiCatz, die wirklich niedlichen „unanständigen" Fotos von Katzen und die originellen und lebensnahen Katzengeschichten.

Reingucken, nicht auslassen!

home.ican.net/~otiss

Diese im wahrsten Sinne des Wortes merkwürdige Seite voll augenzwinkernden **Humors** enthält „feline nudity" für Katzenfreunde, die der Erotik ihrer Katzen verfallen sind. Die News-Seite behandelt schräge Themen wie „Perverse nehmen ihre Katze mit ins Bett!" oder die Anleitung zum Bau einer Robocat. Aber auch (scheinbar) ernste Themen wie „Katzen auf den Flachbettscanner quetschen – Hobby oder Mißbrauch?" finden ein Forum.

www.cat-scan.com/index.html

Die Homepage mit den im Namen der Kunst „gescannten" Katzen. Wie gemein? So wild wird es wohl nicht sein. Keine gequetschten Katzen, auch keine verblitzten Augen. Und welche Katze steigt nicht schon mal gern für die Hochkultur auf eine kühle Glasplatte? Wohl eher ein recht **kurioser Scherz**.

haustier-welt.community.everyone.net/community/scripts/directory.pl

Langer Link für eine gute Sache – eine lebendige Forumsseite mit Topics wie: Katze ist unsauber! – Katzen in 1-Zimmer-Wohnung? – Umziehen mit der Katze! – Katzenfutter stinkt/Freßnapf mit Abdeckung, den die Katze durch Druck auf Taste öffnen kann – pfotenschüttelnde Katzen – Hilfe, unsere Katze hat auf die Wohnzimmercouch gemacht! – Die Nachbar drohen, meine Katze wegzubringen usw. Zum Teil gute Tips aus der Praxis, z.B. Wie kriege ich Katzen dauerhaft vom Auto runter?

„Katzen sind schlauer als Hunde. Du wirst niemals acht Katzen dazu bringen, einen Schlitten durch den Schnee zu ziehen."

Jeff Valdez

www.wuppertal-forum.de/publik/melissas_corner/welcome-inhalt.htm

Ein megalanger Link, der sich lohnt: Ihr Name ist Maus, Melissa Maus. Sie ist die **Büromieze** des Wuppertal-Forums, jagt nachts kleine flinke Fleischklöpse auf vier Beinchen und ist sich ihrer Bedeutung voll bewußt: Sie erläutert jedem, der es wissen will, was eine Katze für das Firmenklima bedeutet. Wirklich witzig.

cryp.to/katzen-faq

Textorientierte Seite mit **endlos** umfangreicher Information über Katzen (FAQ = frequently asked questions), zusammengestellt aus den Beiträgen der USENET-Gruppe de.rec.tiere.katzen. Besonders hilfreich: die Beiträge „Literatur über Katzen" und „Literatur mit Katzen".

www.haustier-welt.de/katzen/katzen.htm

Ärgerlich: Diese Katzenseiten versprechen Informationen zu zahlreichen Rassekatzen, jeweils mit Unterlinks von Britisch-Kurzhaar bis zur Van-Katze. Ergebnis: leere Seiten. Kommt noch was? Besser der folgende Link:

www.katzen-info.de

Seite mit **umfassendem** Infoangebot, Katzendiashow, guter Linksammlung und Tierschutzlinks.

www.our-cats.de

„Our Cats" ist eine monatlich erscheinende Zeitschrift des Minerva-Verlags. Hier findet man Online-Informationen rund um die Katze, Haltungs- und Ernährungstips u.v.m. Manche Rubriken waren zum Zeitpunkt unseres Besuches noch Baustellen („Wichtige Adressen"), das Forum könnte mehr Beiträge brauchen. Ungewöhnlich: eine Liste der **Tierfriedhöfe** in Deutschland („Wenn Mieze geht").

www.geliebte-katze.de

Noch eine Katzenzeitschrift online, diesmal aus dem Gong-Verlag. Es lassen sich immerhin Ausschnitte aus den Artikeln des aktuellen Hefts ansehen, in der Hauptsache also eine Werbeveranstaltung für die **Zeitschrift**. Das Forum wirkt recht gut besucht, der Kalender gibt Veranstaltungshinweise bundesweit. Natürlich soll sich jeder Besucher die Zeitschrift kaufen …

Fellball, Fellbüschel, Fellfluse, Fellknäulchen, Fellkugel, Fellmonster, Fellsau, Fellwecker, Fusselkäfer, Gewusel, Himbeerpfötchen, Knuddelmonster, Pelzgurke, Pelznase, Pelztiger, Pelztyrann, Rasselbande, Samtpfote, Schmusemoppel, Schnarchnase, Schnuffelnase, Schnullerbacke, Wildling

Einige Ausdrücke für Katzen, gefunden in der Newsgroup de.rec.tiere.katzen, zusammengetragen von Christel Wysocki

www.pet-service.de

Haustierseite mit vielen Möglichkeiten, aber nicht speziell für Katzen.

www.sanftepfoten.at

Eine österreichische Webpräsenz mit vielfältigen Informationen auch für Katzen und Katzenmenschen; Tierarzt Dr. Lachinger steht für Fragen zur Verfügung.

Und: Es gibt Tiergeschichten und Witze zum Thema Haustier. Sie können sogar Ihr Haustier online vorstellen.

„Katzen sind empfindliche Lebewesen und das Opfer vieler Krankheiten. Aber ich habe niemals von einer Katze gehört, die an Schlaflosigkeit litt."

Joseph Wood Krutch

Private Homepages

Sie haben schon einmal selbst eine Homepage „gestrickt"? Dann kennen Sie ja den Aufwand, der damit verbunden ist. Offline sieht es toll aus, aber dann online: der nackte Horror! Auch Katzenmenschen kennen diese Probleme. Aber anders als andere „Heimseitenbastler" haben sie (natürlich durch den instinktiven Einfluß ihrer Katze) nicht nur Geschmack, sondern auch Durchhaltevermögen. Sehenswert sind diese privaten Homepages deshalb alle. Und: Auf jeder Seite gibt es mindestens eine Katze zu sehen, und **was gibt es Sehenswerteres als Katzen?** Und dazu so manches Mal auch in sehr intimen Situationen …

www.arabellaswelt.de

Eine aufwendige private Homepage (dreisprachig!) mit Katzenseite: www.arabellaswelt.de/patufet.htm. Patufet soll der wohl verwöhnteste Kater von Barcelona – wenn nicht weltweit sein. Nett: die **Zehn Gebote für Haustierhalter**.

www.puntomaus.de

Sehr aufwendig gestaltete Homepage eines Homepage- und Katzenliebhabers mit Katzenwebcam, Katzenfotos, Postkarten usw. Vorsicht, wenn Sie nicht alle Plug-Ins geladen haben …

www.miezekatze.de

Die Seite ist zwar noch eine Baustelle, aber das Kätzchen in der Hängematte (animiertes GIF) ist stark.

www.miez.de

Die private Homepage einer Katze namens Rona (Rotznase); nicht gerade der Anwärter auf einen Gestaltungspreis, aber nett und persönlich gemacht.

www.nezehard.de

Hier werden Sie Zeuge der sagenhaften Un-Taten des einzigen und einmaligen Katers Nezehard. Dessen Besitzer scheint bereits über DSL zu verfügen – weshalb sonst stellt er derart viele Kilobyte auf eine einzige Seite! Nette Fotos von Kater Nezehard.

home.wtal.de/cats

Textorientierte, sehr umfangreiche private Homepage mit erstaunlichem Inhaltsverzeichnis: Hier gibt es die Kategorien Biohistorisches (die Katze biologisch und historisch betrachtet); Aktuelles; Krankheiten, Transport und Urlaub; Gesucht – Gefunden: Katzen suchen ein Zuhause; Tips und Tricks zur Pflege und Unterhaltung; Fressen und Hygiene; Rechtsprechung – die Katze und das Recht; Links zu Katzensites; beachtliche Katzenliteratur-Empfehlungen und auch ein Fotoalbum …

„Wie jeder Besitzer einer Katze weiß, besitzt niemand eine Katze."

Ellen Perry Berkeley

www.guckyswelt.de

Eine private Homepage, unterhaltsam und bunt; viele Informationen zu Haltung, Ernährung, Gesundheit von Katzen. Wer neugierig ist, woher denn der Name Gucky stammt, wird unverzüglich aufgeklärt: Gucky ist der Mausbiber, Retter der Menschheit und bester Freund von Sternenritter Perry Rhodan.

members.aol.com/katzenmammi/inhalt.htm

Eine private Homepage mit vielen, vielen Buttons zum Draufklicken und Gucken. Unter

members.aol.com/katzenmammi/traum.htm

das vermutlich romantischste Katzenbild aller Zeiten; Linkliste mit Katzen-Hitlinks.

www.katzenstern.de

Noch eine private, nett gemachte Homepage mit Bildern und Katzengeschichten von den Katzen Bellatrix und Mintaka. Außerdem: Cartoons aus dem Leben von Manfreds Minke.

www.susanne-haelker.de

Liebevolle, sehr persönliche private Homepage mit den Themen Anschaffung, Fehlverhalten, Katzenkörper, Erziehung, Katzenklo, Ernährung, Gesundheit, Pflege, Ansteckung, Krankenpflege, Impfungen, Entwurmung, Gefahren, Giftpflanzen und Kastration – so gut wie alles rund um die Katze. Interessant: einige Erläuterungen zur Katzensprache und der kleine Kater Pinkie, der wie ein Hund knurren kann.

www.hothspot.de/katzen

Sehr gut aufgebaute und ansprechende private Homepage mit den Themen Kochen für die Katz, homöopathische Behandlung von Katzen, Katzenkunst (Galerie der Originale), Buchtips und -geschichten.

www.knuddelbacke.de/drtk/col/index.htm

Eine Homepage mit Katzengeschichten von Privatleuten. Ausführliche Abteilung über Katzen und ihre Makken; sehr nette, zuckersüß gestaltete Page einer Katzen-Newsgroup.

www.toepenloewen.de/xilef

Viele Katzenfotos, nette Geschichten aus der Katzenperspektive.

www.doris-welt.de/katzen.htm

Private Homepage mit Katzengalerie und nettem Katzenlexikon mit ungewöhnlichen Stichworten (z.B. Überraschungsei). Pettersson & Findus kommen auch vor.

www.paulchen.online.de

Paulchens Homepage bietet neben einer Gedichtesammlung ein nett aufgemachtes Katzen-ABC und unter „Catwalk" tolle Katzenzeichnungen …

Weitere, z. T. sehr ansprechende private Seiten:

www.sollner.de

Nette Seite mit bunten Bildern und Texten aus der Katzenperspektive.

www.norbertspicker.de

Professionell gemacht mit vielen bunten, bewegten Bildern.

www.cat-art.de

Lesen Sie die unwiderstehlichen Gedichte der Katze Pimpinella …

www.atglobal.net/cat-talk

Gut: mit Katzenhoroskop und Bachblütentherapie.

members.server2000.at/pcstyler

Aufwendig; mit Medizinseite und Katzenhoroskop.

www.cybercats.de

Vorsicht: Heavy-Metal-Katze am Eingang! Viele Fotos (von Nina, Chappy und Choky) und die Geschichte von der Regenbogenbrücke.

www.katzen-heike.de

Gut und engagiert; mit Gedanken zum Verhältnis Katze-Mensch und mehr …

Katzenkaufhäuser

Katzen würden anders kaufen! Wenn Ihr Mensch aushäusig einkaufen geht, verlieren Sie als Katze meist jede Kontrolle über ihn. Frauen neigen zu Abschweifungen in Modegeschäfte, Männer kaufen Geschmackloses und Überflüssiges.

Online sieht das anders aus: Hier bekommt Ihr Mensch alles, was er …, pardon, was Sie als Katze so brauchen. Und: Am Rechner können Sie Ihren Menschen steuern, liebe Katze! Schnurren Sie, wenn er das Richtige in den virtuellen Warenkorb legt. Fauchen oder buckeln Sie, wenn er für Unsinn Geld auszugeben im Begriff ist.

Wenn Ihnen die Wahl Ihres Delikateßfutters gar nicht behagt: Lassen Sie Ihren Schwanz gefährlich schnell rotieren oder zeigen Sie Kralle. Und: Nutzen Sie das Rückgaberecht!

www.petspyjamas.de

O-Ton: „Sie haben einen süßen Vierbeiner, den Sie lieben und zum glücklichsten Familienmitglied der Welt machen wollen? Dann sind Sie hier goldrichtig!" So zumindest verkündet dieser Webshop vollmundig und bietet in der Tat so ziemlich alles, was Sie und Ihr Mensch brauchen: Futter in allen Variationen, Futternäpfe, Bürsten, Shampoo, Spielzeug, Leinen, Transportbehälter, Kratzbäume usw. Ihr Mensch kann **online** bestellen, und ab 100,- DM wird portofrei geliefert. Allerdings gibt es hier auch Zubehör und Futter für Hunde, z.B. Schweineohren, die sehr echt aussehen. Igitt!

www.felixcatique.de

Alles, was Sie oder Ihr Mensch eigentlich nicht brauchen: Diese **unglaubliche** Site bietet Kurioses, Kitsch & Kunst rund um die Katze, und zwar im absolut ernstgemeinten Sinne. Eine kleine Auswahl der Geschenke und Kultobjekte mit Katzenmotiven, die angeboten werden: Taschen, Schmuck, Schirme, Krawatten, Schlüsselanhänger, T-Shirts, Küchenaccessoires, Tassen, Tischsets & Untersetzer, Uhren, Lampen, Mobiles & Klangspiele, Fensterbilder, Buchstützen, Dosen, Fußmatten, Türstopper, Puppen, Spieluhren, und alles für die Katz!

www.zooplus.de

Zooplus kümmert sich nicht nur um Katzen, aber was es für uns Taschentiger zu kaufen gibt, kann unseren Menschen ganz schön an den Geldbeutel gehen. Dies ist eine Art Neckermann-Versand für Katzenbesitzer mit **Chat und Infos** und Weihnachtsbasar. Ach ja, ab 30,- DM Bestellwert ist der Versand gratis.

„Leute, die Katzen hassen, kommen in ihrem nächsten Leben als Mäuse zur Welt."

Faith Resnick

www.catlike.de

Der Online-Shop mit **exklusiven** Angeboten und vor allem: der Spezialist für Kratzbäume! Soll es ein Kratzbaum in Form einer Lokomotive sein? Oder lieber in Herzchenform? Soll die Katzenklettereinrichtung klein oder lieber raumhoch ausfallen? Ach so, Sie wollen lieber ein Katzenklo mit Dach und Schornstein. Auch gut!

Oder suchen Sie die richtige Katzenklappe für Ihre Haustüre? Vielleicht sogar eine mit Magnetschloß, das nur auf den individuellen Chip am Halsband Ihrer Katze reagiert? Nein, es geht um ein Sicherheits-Katzen-Fensterfangnetz! Kein Problem.

Ganz nebenbei können Sie noch im Katzen-ABC stöbern, und hier finden Sie auch ungewöhnliche Informationen: Baderegeln für Katzen (bzw. Menschen); Katzen und Flugreisen; das Hochheben einer Katze; das Spazierengehen mit Katzen ...

www.kratzbaumschmiede.de

Sie verstehen das Geschäft, wie schon der Einleitungstext belegt: „Sie haben einen billigen Kratzbaum gekauft und glauben, ein gutes Geschäft gemacht zu haben. Doch nach kurzer Zeit stellen Sie fest, daß die Plüschbespannung in Fetzen gekratzt ist und der Kratzbaum fast zusammenbricht. Sie ärgern sich, denn jetzt wird Ihnen bewußt, daß Sie auf einen Billig-Kratzbaum hereingefallen sind ..."

Tragisch? Natürlich nicht. Denn die Berliner Kratzbaumschmiede schafft Abhilfe! Sechs Seiten voller Produkte, die teils an moderne Plastik gemahnen, und alles **solide** und vermutlich großkatzenfest. Dazu bis zu 265 cm hoch und mit Seilbespannung bis zu 1450,- DM teuer ... Bei

Sondermodellen Preis auf Anfrage. Aber welcher Katzenliebhaber schaut schon aufs Geld ... Und nett anzuschauen.

www.pats-pets.de

„Pat´s pets – Geschenke für Mensch und Tier" bietet im Versandhandel Geschenkartikel wie Kalender, Halsbänder, Spielkarten, Aufkleber, Bilder und Postkarten an. Einige Rassekatzen sind als Porzellanfiguren erhältlich – das Richtige für den Nippesliebhaber.

www.pussicat.de

PUSSICAT KLETTERMÖBEL, der Partner für tiergerechtes Zubehör, erreicht die Preise des Vorgängers nicht, hat aber dennoch Mobiliar nach Katzenwünschen. Modell Magnus kostet 709,- DM. Sind das jetzt die gefürchteten Billigkratzbäume? Egal. Besonders niedlich finde ich die Schlafzelte auf den Kratz- und Kletterbäumen.

„Katzen haben das Prinzip, daß es niemals schadet, nach den Dingen zu fragen, die man möchte."

Joseph Wood Krutch

www.angelicalcat.com/products.htm

Ziemlich snobby, seine *cat furniture* aus Florida zu beziehen, aber Kratzbäume wie diese bei der Angelical Cat Company bekommt man anderswo selten zu Gesicht. Ob Sie nun bestellen wollen oder sich einfach Anregungen für den Selbstbau durch den Menschen, nicht die Katze) holen wollen – schauen Sie mal rein. Ach ja, eine Lieferung ins Ausland ist ohnehin zur Zeit nicht möglich. Und: diese heißen Katzenmöbel haben **Lieferzeiten** von sieben bis über zwölf Wochen! Die Nachfrage scheint groß zu sein, und das bei diesen Preisen – bis zu 999,- Dollar. Weshalb hat sich da noch kein Importeur gefunden?

www.gisis-katzenkratzbaeume.de

Online-Buchhandel? Musik-CDs zum Runterladen im Netz? Alles Unsinn. Kratzbäume sind online der Renner! Wie sonst könnte es so viele Anbieter geben? Gisis Katzenkratzbäume liefert eine gute Idee: Kratzbäume als **Raumteiler**. Gigantische Kratzbäume. Oder als Zimmerfüller. Mit Kletterbrücken, Hängematte, Höhle, Rolle, drei Bettchen und Plateau. Handarbeit. Obere Preisklasse bis 1450,- M. Aber auch schon ab 129,- DM. Wir Katzen mögen sie.

www.terraflora.de

Nach Selbstauskunft der Spezialversand für traumhafte Tierfiguren und Skulpturen. Die große Auswahl an **Steinkatzen** bietet recht geschmackvolle Figuren; Gewicht von 3 bis 22 kg (!), Preise bis über 200,- DM.

www.petfun.de

Hier finden Sie nicht nur den originellen Katzenspieltunnel, sondern auch eine beeindruckende Auswahl von Kratzbaum-Modellen (alle tragen Frauennamen) für drinnen und draußen – sozusagen den **ultimativen** Kratzbaum-Versand. Alles zu haben: wohnzimmerfüllend, von der Decke hängend, gewaltig …

„Die meisten Katzen möchten ins Haus, wenn sie im Freien sind, oder umgekehrt und oft beides gleichzeitig."

Quelle unbekannt, Sachverhalt bekannt

www.meblo.de

Ein Katzen-Versandhandel mit recht ungewöhnlichen Katzenmöbeln: Hier bekommen Sie Katzenhöhle, Katzenbett, Katzensofa, Hängematte, Katzenkissen, Thermobett und alles, was die Katze von Welt sonst noch so braucht. Für ordnungsfanatische Menschen gibt es Fussel- und Saugbürsten; außerdem viel Katzenzubehör für die Sicherheit, z.B. Katzentüren und Kippfenstersicherungen. Auch die Auswahl an Spielzeug kann sich sehen lassen: Wo sonst bekommt man Ballkreisel, Lichtspiel, Federvogel, Kratz- und Minzemaus oder gar den Raschelsack? Leider fehlen Abbildungen.

Auch für Katzen auf Reisen gibt es reichlich Zubehör. Bestellen muß man telefonisch: Online geht es z.Z nicht einmal via E-Mail.

www.whiskas.de

Eine Webpage, die trotz kommerziellen Hintergrundes Spaß macht: Das Whiskas-Haus mit seinen virtuellen Räumen bietet Unterhaltung und Information, Spots, Geschichten und alle Whiskas-Werbespots als Quicktime-Movies. Dazu einiges an Informationen und Links zu anderen Katzenseiten im Web. **Wow**, ein absolutes Muß!

www.catsan.de

Der Hersteller des Katzenhygiene-Artikels CATSAN bietet unglaublich vollständige Informationen über **Katzenstreu**. Katzen haben bisher immer einfach drauf gepullert oder mehr, ohne je an hohe Saugkraft, ultrasichere Geruchsbindung, geringe Staubentwicklung, über

Klümpchenbildung oder über die prinzipielle Wirkungsweise des Streukorns nachzudenken. Hier können sich Mensch und Katze sogar im Video ansehen, wie Katzenstreu arbeitet und erfahren, daß Montmorillonit ein natürliches Mineral ist, das sich besonders für die Aufgaben einer Katzenstreu eignet …

Neben so viel Werbung gibt es aber immerhin unter „Extras“ Katzenfotos als Bildschirmhintergrund. Die Rubrik Spiel & Spaß funktioniert leider nur mit installiertem Shockwave-Plug-in.

www.fressnapf.de

Hier verkaufen sie Futter und Zubehör (auch Bücher), und das nicht nur für Katzen. Nebenher gibt es Kleinanzeigen von Züchtern und Privatanbietern, Tierarztadressen nach Postleitzahlen (recht vollständig), eine Preisliste für **Tierarzt-Leistungen** u.v.m. Die Navigation ist z.T. etwas ungewöhnlich, man muß hinschauen.

www.megavitalshop.de

In diesem artübergreifenden Einkaufsparadies für Menschen, Katzen, Pferde, Hunde, Vögel und Fische geht es um Fitneß, Vitalität und Gesundheit. Es werden Naturkost- Produkte und viele **ökologische** Produkte für Mieze & Co angeboten. Allerdings ist das Angebot gerade für Katzen nicht sehr umfangreich. Dennoch: Viel Spaß beim Einkaufsbummel.

www.katze-katze.de

Die Seite einer **Zucht** von Norwegischen Waldkatzen, die aber auch Zubehör für Züchter (Futter, Aufzucht- und Transportkäfige und sogar einen Elektrozaun) vertreibt. Eine Katzenpension gibt es auch.

www.hundeundkatzenmarkt.de

Hier können Sie kostenlos Ihre jungen Katzen **annoncieren**. Außerdem finden Sie Informationen über Gesundheit, Pflege, Haltung und Ernährung. Dazu gibt es Katzentips und ein (wohl nicht sehr lebendiges) Forum.

„Leider mußte ich mich von meinen Mann scheiden lassen. Er war allergisch gegen Katzen."

Giorgina di Siena

www.mietzis-futtershop.de

Katzentoiletten, Spielzeug, Bettchen, Pillenmörser, Krallenscheren, Flohkamm – die Site eines Händlers mit viel **Kleinkram**, den man unbedingt braucht, z.B. die Pill-Gun. Man kann online ordern oder sich via E-Mail einen Katalog bestellen.

home.t-online.de/home/ Janette.Herlinger

Die Seite bietet „Meisterhafte Tierportraits von Janette Herlinger". Zu sehen sind Kohlezeichnungen, Pastelle, Ölmalerei – wirklichkeitsechte Darstellungen auf weissem oder buntem Karton. Preise für **Auftragsarbeiten** sind einer Preisliste zu entnehmen.

„Es gibt zwei Mittel,
den Leiden des Lebens
zu entfliehen:
Musik und Katzen."

Albert Schweitzer

www.katzenglueck.com

Ansprechend aufgemachter Katzenshop in Nürnberg mit großem Programm. Prima Katzensofas und Kuschelbetten! **Originelles Spielzeug**: Pelzwürmchen, Knisterbällchen, Katzenwedel, Stehaufmännchen …

www.cats-country.de/shop/index.html

Der etwas andere Online-Shop mit großem Angebot. Besonders ungewöhnlich: Spielzeug aus Katzenminze – feine Kräuter, direkt von der blühenden Naturwiese hinein ins Lieblingsspielzeug der Katze. „Handverlesene reine Katzenminze OHNE jegliche chemische Behandlung".

Weitere Angebote online:

www.praktische-katze.de

Geschenke für den Katzenfreund, z.T. recht originell.

www.catlovers.ch

Dekoratives für und rund um die Katze. Geschmackvolle Auswahl!

www.catfaeries.com

Online-Shop mit Sitz in San Fransisco, der „Feliway" anbietet, das Wunderspray gegen pinkelnde Katzen …

www.catstuff.com/index.html

Amerikanischer Krimskrams-Spezialist mit Katzenkleidung. Nein, nicht für die Katze – für den Dosenöffner! Auch Katzenschmuck ist zu haben.

www.alles-fuer-die-katz.de

Schöner Name, der Programm ist. Allein 400 Sorten Futter bietet dieser Laden an …

www.bb-markt.com

Der BB-Markt bietet vieles für Hund und Katze.

www.minilaedchen.net

Dekofiguren und Türwächter aus Holz.

www.katzenwelt.at/cgi-bin/web_store.cgi

Sehr schöne Steinfiguren von Katzen unter „Besonderheiten".

**„Manche Leute sagen,
Katzen seien hinterhältig,
böse und grausam.
Das ist wahr, aber sie haben
noch eine Menge anderer
guter Eigenschaften."**

Missy Dizick

Schön & edel – Rassekatzen

Gegen die die schönsten Promenadenmischungen können Rassekatzen nichts ausrichten – im Herzen der sie liebenden Menschen. Aber mal emotional unbeteiligt betrachtet: Verliebt Mensch sich nicht augenblicklich in eines dieser eleganten Wesen wie von einem anderen, schöneren Stern, wenn er eine lebendige Rassekatze sieht?

Auf den folgenden Seiten können Sie Rassekatzen online treffen, etwas über ihren Charakter, ihre Gesundheit, ihre Eigenschaften und die Menschen erfahren, die sie züchten. Wenn Sie Ausstellungstermine nachschlagen, ist es kein Problem, den Wunderwesen auch lebendig zu begegnen. Natürlich ist hier auch alles andere über und für die Schönheit im Katzenfell vertreten.

🐾 🐾 🐾

www.vincere.de

Tolle Züchter-Homepage mit Film und Musik, Fotos und vielen Tips und Themen: Blutgruppen bei Katzen, giftige Zimmer- und Gartenpflanzen, der Impfplan, Kastration, Krankheiten, der Kratzbaum, alles über Fell-, Augen-, Ohren-, Zahn-, und Krallenpflege, alles über die elektronische Kennzeichnung durch einen Mikrochip, Parasiten, Reisebestimmungen für Katzen u.v.m. Es geht um die Rassen **Britisch-Kurzhaar** und **Kartäuser**.

www.catsbrhv.de

Eine schöne Site für Züchter von **Britisch-Kurzhaar** und **Türkisch-Angora**. Der Clou für die weibliche Katzenwelt: wirklich recht erotische Bilder vom Deckkater Garfield und vom Nachwuchs – süße Katzenkinder.

www.muspilli.de

Diese Katzen-Homepage mit Musik gehört einem Züchter. Es werden **Kartäuser-, Scottish-Fold**- und **Selkirk-Rex**-Katzen angeboten. Hinter dem Namen „Muspilli" verbirgt sich Mythologisches: Er bedeutet soviel wie „Weltenbrand". Einst sollen starke Katzen den Wagen der Göttin Freya gezogen haben. Katzen brachten die gefallenen Krieger ins Jenseits. Das müssen mächtige, muskulöse Katzen gewesen sein. Vielleicht die Vorfahren der Kartäuser …

pridal.de/farben.htm

Die Edelkatzen vom Schwanenort leisten sich eine Live-Webcam, mit deren Hilfe Sie die Jungkatzen bewundern können. Außerdem: eine **Farbgenetik-Tabelle**, Termine von Katzenausstellungen, eine umfangreiche Linkseite mit Züchtern und anderen Themen.

members.aol.com/fleetwoodx/index.htm

Fleetwood's Perserkatzen – kommerzielle Seite eines Katzenzüchters (mit Standorten in Rendsburg und Hamburg) mit zahlreichen Informationen zum Thema Katze: Katzenkauf, Katzenkrankheiten und Impfplan, Pflegetips, Katzen-Pinboard, Katzen-Literatur zum Online-Bestellen (Links zu amazon.de). Wer ein Jungtier kaufen möchte, kann sich vorab als Interessent für ein Kätzchen aus dem nächsten Wurf registrieren lassen.

„Katze sucht andere Schnurrer
für gepflegte Gesprächsrunde
über Götter und die Welt,
bei einem Gläschen Sahne,
mit Hors-de-mice
am Kaminfeuer.
Zuschriften unter Chiffre
‚Katzenweisheiten' ..."

Kontaktanzeige aus dem Internet

www.ikzl.com/

Eine internationale Katzenzüchterliste online. Die sehr sachlich gehaltene Seite mit Informationen und Kontaktmöglichkeiten zu Züchtern der wichtigsten Katzenrassen. Neue Würfe können kostenlos eingetragen werden. Kleinanzeigen-Teil mit einigen Annoncen.

www.catconnect.com

Catconnect's Rassekatzenwelt: noch eine Katzenseite mit Züchterkontakten, Katzenmarkt (nicht sehr viele Angebote) und Buchversand (in Eigenregie, nicht über Online-Shop). Große Auswahl an Katzennamen. Und: der Liebesmarkt für Damen – das Deckkater-Angebot.

www.samanthas.de

Dieser Züchter für **Maine-Coon-Katzen** hat eine sehenswerte, mit viel Liebe gemachte Homepage mit guten Abbildungen. Auch Großkatzen wie Pumas, Tiger und Löwen mischen mit – allerdings eher aus dekorativen Gründen. Wegen der Informationen zum Thema Naturheilkunde ist diese Site auch unter „Gesunde & kranke Katzen" genannt.

www.smeraldas.de

Eine Züchter-Homepage der liebevollen Art; sogar mit einem „Katzenfernsehen" – Mäuse im Aquarium – der Freizeittip für gestreßte Katzen …

www.rassekatzen-bielefeld.de

Homepage der Ortsgruppe Bielefeld des Deutschen Kleintierzüchtervereins, Abteilung Katzen. Die Seite sieht besser aus, als sich diese Beschreibung anhört. Derzeit sind folgende Katzenrassen vertreten: Britisch-Kurzhaar, Heilige Birma, Maine Coon, Norwegische Waldkatze, Siam und Orientalisch Kurzhaar sowie Türkisch-Angora. Gute Informationen, z.B. über den Kaufpreis einer Rassekatze.

„Mein Mann stellte mich vor die Alternative: ich oder die Katze. Ich vermisse ihn manchmal …"

Gloria de Angelis

www.beetlejuice.de

Die Seite eines Züchters von **Norwegischen Waldkatzen**; Page mit tollen Bildern in schöner Zusammenstellung; viele Links speziell zu dieser Katzenrasse.

www.zuchtbuch.de

Umfangreiche Seite für Katzenzüchter mit über 800 Edelkatzen. Rassekatzen, Deckkater mit Stammbaum und ausführlichem Porträt, Catterys-Kontakte und Adressen, Züchterseiten, Vereine und vieles mehr. Katzenhoroskop und Katzengruß per E-Mail unter Free Fun.

www.ragdolls.ch

Private Ragdoll-Homepage mit wenig Schnickschnack, aber viel Engagement und Sachwissen. Sehr brauchbar auch für Besitzer von Feld-, Wald- und Wiesenkatzen. Auch Stofftiere finden ihren Platz.

www.olfie.de/olfie/index.html

Fan-Homepage mit Abessinier- und Somalikatzen; dazu zahlreiche Links zu diesen Rassen.

www.lasperlas.exit.de

Sehr engagierte Züchterpage mit Las-Perlas-Katzen und mit Infos über etwas ausgefallenere Themen wie Kaiserschnitt, Narkose, haarlose Degenerationen, Blutgruppen, Narkose/Geburt.

www.sdrv.purespace.de

Die Seite des Südeutschen Rassezüchter-Verbandes mit Vereinsinformationen, Ausstellungsterminen, Jungtiervermittlung usw., aber mit eher wenigen Katzen.

www.velvet.com/snowkats

The Website For White Cats – die Seite speziell für weiße Katzen. Die Homepage einer Züchter-Interessengemeinschaft, aufwendig gestaltet mit Galerie der schönsten Katzen.

www.petplanet.nl/cats.html

The International Website for Cat Lovers – stimmt! Eine edel aufgemachte, unabhängige Webpage voller Informationen. Linkpage mit Katzenclubs in vielen Ländern der Welt. Die VIP-Seiten sind allerdings nur für (zahlende) Mitglieder erreichbar.

www.catfriends.de

Dieser Verein gehört dem weltgrößten Dachverband an, der Cat Fancier's Association Inc. mit Sitz in den USA. Nach eigener Auskunft die weltweit größte Registrierstelle für Katzenzucht. Verfügbar sind nationale und internationale Ausstellungstermine (mit Online-Anmeldung) und -ergebnisse (Siegerlisten), Züchteradressen und vieles mehr. Die Seiten sind sehr sachlich gehalten.

www.felina-ev.de

Seite des Vereins „Felina e.V.", Unabhängige Gemeinschaft der Katzenfreunde mit Züchteradressen, Jungtiervermittlung, Ausstellungen usw.

**„Hunde kommen,
wenn man sie ruft.
Katzen kehren
zu einem zurück."**

Mary Bly

www.katzenalbum.de

Die Domain heißt Katzenalbum, drinnen wird aber von Katzencity gesprochen: ein Rassekatzenportal mit Züchterverzeichnis, Gratis-Link zur eigenen Homepage des Besuchers usw.

www.schmusetiger.de

Calzinos Heilige Birma-Züchterseite mit unterhaltsamem Test: „Bin ich ein Katzen- oder ein Hundetyp?" Außerdem 6500 Namen für Vierbeiner z.T. mit Bedeutung. Einige Verwirrung bei den Seiten Gesundheit (falscher Link?) und Links (Baustelle?), aber da wird sicher demnächst für Abhilfe gesorgt.

www.edelkatzennet.de

Die Seite der Edelkatzen-Gruppe Wuppertal des 1. DEKZV e.V. Es geht um Perser, Exotic Shorthair, Britisch-Kurzhaar, Somali, Burmesen, Heilige Birma, Norwegische Waldkatzen, Maine Coon. Die Seite bietet Züchteradressen, Ausstellungstermine über pridal.de, Jungtiervermittlung, Informationen über giftige Zimmerpflanzen und vieles mehr.

Einige weitere Züchter-Homepages der endlos vielen, die inzwischen online sind:

home.t-online.de/home/BriLo

Britisch-Kurzhaar/Kartäuser „von Wunherestorpe"

somalicats.de

Somalikatzen und Informationen zum Tierschutz.

www.somalicat.com

Linkseite amerikanischer und kanadischer Züchter von Somali und Abyssinian.

www.bkh-kartaeuserkatze.de

Wie die Domain schon sagt …

www.traumkatze.de

Britisch-Kurzhaar-Katzen in den Farben Schwarz und Chocolate, Tabby und Silber.

breedlist.com

Amerikanische Clubseite mit über 1600 weltweiten Züchterkontakten und Buchversand; englischsprachig.

www.showaholics.de

Züchterseite (Maine Coon) mit einem Akteur, der die – zumindest für eine Katze – ein wenig seltsame Titulierung „Fuzzy, der Halbdackel" trägt.

rassekatzen-jahrbuch.de

Eingetragene Katzenbesitzer bekommen das Jahrbuch per E-Mail zugeschickt; Formular online; langsame Seite (Java & Javascript).

www.catskill.de

Maine-Coon-Site mit vielen Fotos und Links zu anderen Maine-Coon-Züchtern.

www.catfever.de

Viele wertvolle Verbindungen; empfehlenswert.

www.katzenzuechter.de

Katzenzüchterverzeichnis, nach Rassen geordnet und mit etlichen, auch internationalen Verbindungen – im Extremfall bis Tasmanien …

„Hunde haben ein Herrchen oder Frauchen – Katzen ihr Personal."

Rolf Spangenberg

Gesunde & kranke Katzen

Wenn ich als Mensch und Katzenbesitzer hier zu Worte kommen darf: Als zum ersten Mal eine meiner Katzen krank wurde, war der Schrecken furchtbar für mich. Waren doch bis zu diesem Zeitpunkt Katzen die reine, starke und widerstandsfähige Natur, das Urbild der perfekten Ausstattung für den Kampf ums Dasein.

Als mein erster Kater eines Tages mit einem zerschlagenen Auge vom Katerkampf zurückkam, war ich nicht so schockiert wie beim Anblick meiner ersten wirklich kranken Katze. Die hatte auch gleich den Schrecken selbst, nämlich die Katzenpest, denn ich, Chaot, der ich damals war, hatte sie nicht impfen lassen, ein Fehler, der mir später nie mehr unterlief.

Deshalb – und weil gesunde Katzen natürlich immer besser sind als auch nur leicht verschnupfte – finden Sie hier: Sites mit Gesundheitstips online und Hilfen für die kranke Katze bis zur virtuellen Tierklinik.

www.laboklin.de

Eine Homepage eines Labors für Tierärzte und Tierbesitzer mit sehr brauchbaren Informationen in leicht verständlicher Sprache. Unter dem Sublink **Rat & Tat** finden Sie z.B. Infos über Diabetes bei der Katze, über ältere Katzen und über Epilepsie bei Katzen.

Hier erfahren Sie auch, was Sie über die tückische Toxoplasmose wissen müssen. Zu empfehlen auch die Linkpage mit hochkarätigem, auch universitärem Veterinärwissen aus aller Welt:

www.laboklin.de/l_servic/linkpage.htm

www.tierfreund.de

Umfassende Information, viele Telefonnummern von Beratungsstellen, Psychologen (und immer mit Angabe der Konto-Nummer); **Datenbank** für Tierärzte und Tierkliniken mit über 8500 Tierarzt- und Tierklinik-Adressen, nach Postleitzahl und Namen durchsuchbar. Ganz wichtig: Juniorseiten mit Ausmalbildern, Chat, Adressen für Notfälle und Veranstaltungstips ... Wohl eher ein Scherz: Tierfreund-Hotline 0190-85 67 66 für 3,63 DM pro Minute = 217,80 DM pro Stunde!

www.blackwis.de/register/kat.htm

Hier wird u.a. das richtige Nachschlagewerk für den Hobby-Chirurgen angeboten! Scherz beiseite: Wehe, wenn Sie Ihre Katze mit dem Skalpell traktieren. Dieses Werk „Operationen an Hund und Katze" ist ein „Kochbuch" der **Kleintierchirurgie** zum Preis von nur 98,- DM und eignet sich zum Nachlesen für Menschen, deren Katze unters Messer muß. Weitere Bücher zum Thema Gesundheit werden angeboten, z.B. Askew: Behandlung von Verhaltensproblemen bei Hund und Katze – Ein Leitfaden für die tierärztliche Praxis, Gaskell/Bennet: Infektionskrankheiten bei Hund und Katze, Kraft (Hrsg.): Geriatrie bei Hund und Katze.

www.winkvet.at/tierarzt/

Der „Radio-Niederösterreich-Tierarzt" berät Katzenfreunde: Tierarzt Dr. Rudolf Winkelmayer bietet Infos zu den **Themen** Krankenversicherung, ungewollter Tiernachwuchs, Zuckerkrankheit, Ohrenzwang, Zecken, Erste

Hilfe beim Verschlucken von Spielzeug, Scherben, Probleme mit den Pfoten, Natürlich heilen (mit homöopathischer Übersichtstabelle und Medikationsvorschlägen für die Selbsthilfe).

www.astro.liwest.at/tiere.htm

Sanfte Medizin für Haustiere: **Bachblüten** und ihre heilende Wirkung auf das Verhalten des Tieres; Bachblütentherapie mit Tabelle in aller Ausführlichkeit zum Selbermachen.

www.w-kolodziej.de/katze4.htm

Eine humorvolle und sehr **lebensnahe** Geschichte erläutert, wie man der Katze eine Pille verpaßt: Katze aufheben und wie ein Baby halten, Zeigefinger und Daumen der rechten Hand jeweils an die Seiten des Mauls plazieren usw. Sie werden schon sehen …

www.cato.ch

Eine sehr sachliche und gute **Gesundheitsseite** für die Katze von Dr. Cato. Unter www.cato.ch/infect.htm umfassende Informationen über die Infektionskrankheiten der

Katzen (Katzenseuche, Katzenschnupfen, Calicivirus und Chlamydiosis). Ein Impfplan verspricht Schutz.

www.vet.de

Ein ebenso naheliegender wie sinnvoller **Service**: der Informationsdienst für Tierfreunde – sollte Ihrem „Liebling" einmal etwas fehlen, so hilft Ihnen dieser Suchdienst, schnell einen Tierarzt in Ihrer Nähe zu finden. Ein Test lieferte aber keine oder nur wenige Großstadt-Kontakte (Köln 0, Frankfurt 1).

„Eine Katze sieht
keinen Sinn darin,
einem anderen Tier
zu gehören,
nicht einmal dann,
wenn dieses andere Tier
zwei Beine hat."

Anonymus

ourworld.compuserve.com/homepages/VUPNET

Vets im Netz ist eine **Gemeinschaftsproduktion** von Tierärzten und Tierarzthelferinnen im südlichen Erftkreis und bietet Informationen rund um das Thema „Tier und Gesundheit", auch zu speziellen Themen: Herbstgrasmilben, Katzenkrankheit FIP, PKD – Erbkrankheit der Katzen, warum sich eine Katze verhält, wie sie sich verhält usw.

www.samanthas.de/naturheilkundeindex.html

Naturheilkunde für Katzen: Diese Infoseite bietet **zwei Wege** an: Aromatherapie und Homöopathie für Tiere, beides mit Krankheiten/Symptomen und Behandlungsvorschlägen. Das Motto der Seite liefert Eugen Roth:

„Leicht läßt Genesung sich erreichen,
Wenn einer Gleiches heilt mit Gleichem.
Zu der Behandlung braucht man nur
Zwei Dutzend Fläschchen, eine Uhr
Und die Geduld, daß man bestimmt
In jeder Stund drei Tropfen nimmt."

www.katzenschutzbund.de/Gift.html

Katzen leben gefährlich. Etliche, für Menschen harmlose Pflanzen sind für die Zimmertiger gefährlich, weil Katzen dazu neigen, Gras und andere Planzenblätter als Verdauungshilfe zu verspeisen. Die Liste der **Giftpflanzen** ist lang – Ackerveilchen, Ackerwinde, Adonisröschen, Alpenveilchen, Amaryllis, Athurie, Arnika … – zu lang, um hier komplett wiedergegeben werden zu können.

Ebenso lang die Liste der Giftwirkungen und Gesundheitsschäden, wenn die Katze die Blätter und Wurzeln einer Pflanze, vielleicht auch nur das Vasenwasser zu sich genommen hat: Erbrechen, Durchfall, Bewußtseinsstörungen … Lesen Sie selbst nach, was dagegen sowohl präventiv als auch im Falle eines Falles zu tun ist.

Ebenfalls brauchbar: die Informationen über die Virusinfektionen der Katze:

www.katzenschutzbund.de/ Virusinfektionen.html

www.tierservice.com

Der Tierservice Dr. Düring bietet eine interessante Mischung aus kompetenten Gesundheitsinformationen und Online-Shop-Angeboten.

„Eine der wichtigsten Verhaltensregeln kennen selbst übergewichtige Katzen: Ist man zu dick, begibt man sich nur in Positionen, in denen man schlank aussieht."

John Weitz, Modedesigner

Hungrige Katzen

Katzen essen vieles. Am liebsten haben sie es, wenn ihre Nahrung auf vier Beinchen durch die Gegend wuselt und erst gefangen werden muß. Brutal? Wenig einfühlsam sind Menschen, was diese Rubrik angeht: Ich bin (als Katze) etwas enttäuscht. Mit einem Katzenkochbuch online hätte ich zumindest gerechnet. Gut, etwa 4300 Links verweisen auf Katzenfutter, aber kann es das gewesen sein? Wo bleiben Scholle, Lachs und andere Köstlichkeiten? Bei allen Mischungen mit Vitaminzusätzen und Mineralienergänzung: Wo bleibt die natürliche Nahrung?

www.schmusekatzen.de/neu_futt/futter.htm

Was steckt im Katzenfutter? Wenn Sie es genauer wissen wollen, können Sie hier nachlesen.

www.tierversuchsgegner.org/verschiedenes/wurmdelikatessen.html

Hier wird dasselbe Thema etwas kritischer angegangen. Skandalöse Enthüllungen zweier französischer Veterinäre: In der Büchsennahrung für Hunde und Katzen soll Fleisch enthalten sein, das durch Parasiten, Viren, Zirrhose und viele andere Krankheiten infiziert ist. Haustiere als Opfer von Nahrungsmittelvergiftungen? Lesen Sie selbst nach. Vielleicht erscheint Ihnen die folgende Seite anschließend in besserem Licht.

„Fällt ihre Katze vom Baum, gehen sie besser ins Haus um zu lachen."

Patricia Hitchcock

www.vegetarismus.ch/vegepet/vegecat.htm

„Ist es nicht unnatürlich, eine Katze vegetarisch zu ernähren?" fragt der fiktive Kunde auf dieser Seite. Geschickt argumentiert der Verkäufer von VEGECAT, daß ja jede Tierhaltung unnatürlich ist und mit Kompromissen verbunden ist. Stimmt! Auch eine Fütterung mit sogenanntem Katzenfutter ist unnatürlich. Eine artgerechte Ernährung wäre: lebendige Mäuse, kleine Vögel, lebende Fische ... Gut gebrüllt, Taschentiger! Und weiter: Haben Sie schon einmal eine Hauskatze gesehen, die eine Kuh oder gar einen Pottwal oder sonst ein Tier reißt, das zu Dosenfutter verarbeitet worden sein könnte? Bedenkenswert.

www.cats-country.de

Katzenfutter-Händler mit viel Info zu Gesundheit, Ernährung und Erziehung (geht das?) von Katzen: Alles wird sehr ernstgenommen, z.B. Informationen über die Inhaltsstoffe und ihre Etikettierung. Keine Seite für Dosenöffner und Fastfood-Fans, hier gibt's z.B. Trofizoon-Aufbaukost oder Torula-Hefeflocken. Mancher Mensch ernährt sich schlechter ... Natürlich gibt es alle „Natural products for natural cats" online zu kaufen.

www.hobbythek.de/archiv/272/#p5

Da ist es, das erste Katzenkochbuch, das wir online entdeckt haben, und es stammt aus Jean Pützens „Hobbythek“. Neben kompetenten Informationen zum Thema Ernährung gibt es – endlich – richtige Rezepte, Hühnerherzen à la Katz oder eine Katzensuppe oder – noch besser – Lachsauflauf für Katze und Mensch! Eine Seite, die viele Wünsche erfüllt, die anderenorts unbefriedigt bleiben.

www.spinnrad.de/jour9702/katz.htm

Hier können Sie kaufen, was in der obigen Hobbytheksendung über Katzen angeboten wurde, unter anderem auch den Zusatz für das ausgewogene Katzenfutter FitCats HT.

www.ndh.net/home/schlangen/4kir-8.htm

Um Rezepte für selbstgekochte Katzenmenüs (auch für Menschen geeignet) geht es auf dieser Seite, und vor allem an kranke und übergewichtige Katzen ist gedacht. Sachlich, aber sehr sachdienlich …

www.members.eunet.at/geli/KatzenRezepteNiere.html

Zur Sache, Kätzchen! Gleich acht Rezepte finden sich hier: ein eiweißarmes Leber-Reis-Gericht, ein Hackfleisch-Topf, Fleisch mit Gemüse, Leber mit Ei, Rind und Innereien, Innereien mit Nudeln sowie zwei Rezepte für Rind und Thunfisch. Gekocht hat sie Geli für ihre eigenen Katzen, und wer die kennenlernen möchte, schaut am besten nach unter:

www.members.eunet.at/geli/Katzen.html

www.hothspot.de/katzen/kochen.html

Kompetente Informationen zum Thema Ernährung und „Kochen" für die Katze, z.B. zur Frage „Innereien – noch gesund?" oder „Roh oder gekocht?".

„Ich bin auch adelig – ich heiße Runter vom Sofa!"

Haustier-Selbstdarstellung unter

www.sanftepfoten.at

www.simplypets.com

Eine englischsprachige Site mit starker lukullischer Qualität: Unter PET FOOD RECIPES oder direkt unter dem Mörderlink

www.simplypets.com/recipes/ index2. php3? pet=Cats

verbergen sich Katzenrezepte in Englisch, und zwar für Snacks, Hauptmahlzeiten und die medizinisch einwandfreie Ernährung der kranken Katze.

www.katzenschutzbund.de/ Futterplan.html

Nicht ganz einverstanden ist die Katze von Welt mit dem eintönigen Vorschlag für die beiden Hauptmahlzeiten des Tages. Was denn so ärgerlich an diesem Futterplan ist? Als Hauptmahlzeit soll grundsätzlich industriell gefertigtes Dosenfutter wie Whiskas oder Kitekat angeboten werden, weil dieses Futter alle für die Katze wichtigen Elemente enthält. Es gibt doch viel leckerere Sachen! Immerhin verweist die Seite auf schmackhafte Zusatzkost wie Geflügel (gekocht oder gebraten, niemals roh). Besonders gut finden Katzen den Vorschlag für eine genußvolle Nebenmahlzeit: Kondensmilch …

Rätselhafte Schmusetiger

Schon immer sind wir Katzen den Menschen ungeheuer. Unsere große Vergangenheit beeindruckt unsere warmblütigen Dosenöffner mächtig, auch wenn sie es nicht zugeben mögen.

Nein, es geht hierbei nicht um unsere Rolle in der Mythologie der Ägypter. Die Menschheit war noch nicht einmal in Planung, als bereits *Dinictis*, ein erstes katzenartiges Raubtier, über den Planeten streifte.

Nicht umsonst unterscheiden sich die animalischen Gefährten der Menschen auf so eklatante Weise:

Der Hund denkt: „Sie lieben mich, sie füttern mich, sie kümmern sich um mich. Sie müssen Götter sein!"

Die Katze denkt: „Sie lieben mich, sie füttern mich, sie kümmern sich um mich. Ich muß ein Gott sein!"

Die feinstofflichen Verbindungen, die bei unseren nächtlichen Geheimtreffen zwischen Katze und Katze gesponnen werden, vermögen Menschen nicht einmal wahrzunehmen. Was Wunder, daß Menschen mehr über uns Katzen wissen wollen. Auf den folgenden Sites finden Sie ein wenig über unser geheimes Wissen und über unsere rätselhaften Befähigungen – aber es ist wirklich nur wenig.

Abzuraten ist von den kläglichen Versuchen, über Verhaltenstips und Tricks das Verhalten von uns Katzen zu steuern. So etwas gelingt nur bei einfach strukturierten Wesen wie Menschen.

www.katzen.ch/katzen/lexikon_katzen.htm

Hier können Sie nachschlagen: Das **Lexikon** der Fachbegriffe rund um die Katze bietet knappe, kompetente Auskunft. Wußten Sie z.B., daß man das Beschnuppern der Nasen, mit dem sich zwei befreundete Katzen begrüßen, den *Erkennungskuß* nennt? Mit ihrem Menschen machen es Katzen genauso, wenn sich dessen Nase auf erreichbarer Höhe befindet.

www.ragdolls.ch/katzenverhalten.htm

Textbasierte Seiten mit vielen guten Informationen über Lebensweise und Charakter von Katzen, z.B. über

wichtige Themen wie: Die Lautäußerungen der Katze, Das Spielverhalten der Katze, Was signalisieren Katzen durch ihre Augensprache?, Warum wedelt die Katze mit dem Schwanz?, Warum eigentlich schnurrt die Katze?, Warum trinken Katzen gerne schmutziges Wasser?

www.hobbythek.de/archiv/279

Diese Adresse bietet **Wissen** über Katzen im Überfluß. Titel: Offene Augen und Ohren für Katzen – Eine kleine Psychologie, doch nicht nur! Vielfältige Themen: Die Katze im Volksmund, Die Katze in der Kunst, Sprache, Körpersprache und Duftsprache der Katzen, Der selbstgebaute Kratzbaum, Protestpinkler sind unzufriedene Katzen, Stoffspielzeug, Duftendes Spielzeug, Die „Neurodermitis" der Katze, selbstgemachter Katzentrinkjoghurt, Katzentrockenfutter à la Hobbythek, Katzenallergien, Kastration als Tierschutzmaßnahme u.v.a.

www.buwal.ch/bulletin/1999/ d2a09s01.htm

Ein **Artikel** über das Leben der Schweizer Wild- und Waldkatzen und ihre ungelösten Rätsel unter dem Titel „Das Leben der Waldkatze bleibt geheimnisvoll".

home.t-online.de/home/reinhard.kie/miezen1.htm

Diese Seite läßt manches im Dunkeln, **erzählt** aber auch einiges über Leben und Gewohnheiten der Miezen, z.B.: „Viele wundern sich über die abendlichen Temperamentsausbrüche ihrer Tiere. Was sich da entlädt, ist meist aufgestaute Jagdlust. Auch eine satte Katze geht auf die Jagd, wenn eine potentielle Beute verräterische Bewegungen macht. Aber Jagen ist das eine, Töten das andere. Viele Katzen wissen gar nicht, daß sich die Beute auch fressen läßt."

Die französische Schriftstellerin Colette war bekanntermaßen eine Katzenliebhaberin. Als sie bei einem Besuch in Amerika eine Katze auf der Straße sitzen sah, beugte sie sich hinunter, und nachdem die beiden eine Weile gemeinsam geschnurrt hatten, rief Colette ihrem Begleiter zu:

„Wenigstens einer, der hier französisch spricht."

Für die Sache der Katzen

Nicht alle Katzen haben verständnisvolle menschliche Gefährten. Vielfach werden Katzen nicht ihrer Art gemäß gehalten, ausgesetzt oder für zweifelhafte Versuche mißbraucht. Die folgenden Sites sind nützlich für Menschen und Katzen und setzen sich in jeder Weise für deren gemeinsame Sache ein, z.B. für den Schutz von Katzen im Straßenverkehr.

www.katzenhilfe.de

Tierschutzorientierte Site der Katzenhilfe Cuxhaven e.V. mit netten Bildern, erlebten Tierschutzgeschichten und Aktionen für die Sache der Katzen und einer irrsinnig umfangreichen Sammlung von Katzennamen unter „Tips und Tricks", die sehr **praxisnah** und brauchbar sind.

„Katzen haben zu viel Geist, um herzlos zu sein."

Ernest Menaul

www.katzen-hilfe.de

Die Site der Katzenhilfe Norderstedt e.V. mit Katzenvermittlung und einigen **Informationen** für angehende und bereits praxiserfahrene Katzenhalter: Die Fütterung der Katze – Impfung – Entwurmung – Schluß mit der Lust? Fragen zur Kastration – Die Erziehung und das Verhalten der Katze – Welche Blumen sind für Ihre Katze giftig? – Mit der Katze zum Tierarzt – Viele Katzen sind des Vogels Tod? – Rechtsfragen rund um die Katze …

Beispielhaft: Sie können auf der Startseite zwischen Frame- und Non-Frame-Version wählen. Besonders Benutzer älterer, weniger leistungsfähiger Rechner freuen sich über die schnell ladende Non-Frame-Variante.

www.katzenschutzbund.de

Internetpräsenz des Katzenschutzbundes Mönchengladbach e.V. mit kompetentem Wissen und dem **Cartoon** des Monats zum Thema Katze.

www.tiernotruf.org

Seiten mit Tierschutzinformationen & News („Nachdenkliches & Kurioses aus der **Tierwelt**"), einer Online-Tierregistrierung und Haustiersuchdienst; dazu eine Sammlung von Tierschutz- und Tier-Links sowie Tiergeschichten. Eine Site nicht nur für und über Katzen.

pielle-katze.via.t-online.de/tiersuch.html

Die eigene Katzenhomepage als Therapieform: ein psychisch kranker Mann engagiert sich im Tierschutz und für die Katzen. Viele Inserate von gesuchten und gefundenen Katzen, außerdem Warnhinweise auf **Tierfänger**.

www.haushueter.de

Was ist denn Haushüten? „Haushüten bedeutet: umfassende Betreuung von Häusern und Wohnungen, deren Besitzer, z.B. durch Privat- oder Geschäftsreisen, vorübergehend abwesend sind. Die Besonderheit dieser Serviceleistung liegt in dem ununterbrochenen Bewohnen des Anwesens durch Haushüter. Diese betreuen das ihnen anvertraute Objekt so, als wäre der Eigentümer selbst zu Hause."

Gute Sache, oder? Ob Urlaub, Kur oder Geschäftsreise – Ihr Haushüter versorgt nicht nur das Haus, sondern vor allem die Haustiere in der vertrauten Umgebung. Nebenher (das heißt, wenn die Katze gerade einmal wunschlos glücklich ist) leert er den Briefkasten, schickt auf Wunsch Post und Faxe nach, gießt die Blumen und pflegt den Garten. Wenn Sie nicht wissen, wer sich um Ihre Katze kümmern soll – hier finden Sie Hilfe.

www.tiersuche.de

Haustier vermißt? Jedes Jahr verschwinden unzählige Katzen. In dieser Online-**Suchkartei** wird nach Hunden, Katzen, Pferden und Vögeln gefahndet. Stattliche Belohnungen sind ausgelobt. Immerhin eine Möglichkeit. Man kann es ja mal versuchen …

www.animals-angels.de

Der Animals' Angels e.V. ist ein Verein zum Schutz der Tiere. Es geht nicht speziell um Katzen (eigentlich gar nicht), aber weil Katzen und Katzenbesitzer auch über den Tellerrand gucken, sind sie in diesem Buch genannt. Animals' Angels begleiten Tiertransporte und greifen ein, wenn Gesetze verletzt und Tiere gequält werden. Die Links leiten zu vielen anderen Tierschutzseiten weiter. Da Animals' Angels e.V. keinerlei offizielle Zuwendungen erhält, ist der Verein auf Spenden angewiesen …

www.catshome.de

Ihre Katze hat noch keine Homepage? Dieser Web-Service bietet die eigene Homepage (für Privatkatzen kostenlos), für gewerbliche Zwecke gegen Entgelt.

„Es wird für mich keinen Himmel geben, wenn nicht auch Katzen dort leben."

Anonymus

www.tiernamen.de

Katzennamen findet man vielerorts, aber hier sind es gleich über 3600 Namen für Ihr Haustier mit einer Erläuterung der Herkunft, und viele sind ausgesprochen poetisch und außergewöhnlich. Sozusagen ein großes Online-**Namensbuch** für Katzen (und Menschen und leider auch für Hunde). Eine Auswahl mit dem Anfangsbuchstaben H (zufällig herausgegriffen):

Habakuk (m) – Einer der zwölf Kleinen Propheten des Alten Testaments.

Hades (m) – 1. Lateinisch hades = Pluton, Orkus. 2. In der griechischen Mythologie ist Hades der Gott der Unterwelt, Sohn des Kronos und der Rhea, Bruder des Zeus. Mit seiner Gemahlin Persephone herrscht er über die Seelen der Abgeschiedenen.

Haimon (m) – In der griechischen Sagenwelt ist Haimon der Sohn des Königs Kreon von Theben und Verlobter der Antigone.

Da lohnt es sich doch schon allein wegen der hier angebotenen Namen, sich eine weitere Katze zuzulegen: Wieviel Rasse und Klasse selbst für den gewöhnlichen Feld-, Wald- und Wiesenkater! Die Herren können Habakuk, Hades (besonders schwarze), Platon oder Kronos heißen, die Damen zwischen so edlen Namen wie Rhea, Persephone oder Antigone wählen.

www.tierflohmarkt.de

Diese Seite bietet neben **Kleinanzeigen** Tierschutz-News, einen Tierschutzvertrag für die Übernahme von Tieren, die Einreisebestimmungen europäischer Länder für Tiere und die Anschriften von Tierheilpraktikern.

www.koppel.de/forum/katzen

Dieses virtuelle Katzenkörbchen findet sich zwar auf einer Seite von Pferdefreunden, ist aber gut zu bedienen und informativ. Man erhält **gute Tips**, z.B. zu folgenden Themen: Katzen, die pinkeln, BSE – füttert ihr noch Rind?, Kater zu blöd für Katzenklappe?

www.tiere-aus-tierheimen.de

Vermittlung von Katzen aus Tierheimen bundesweit und aus dem europäischen Ausland.

www.sos-arche2000.de

Tierschutzverein mit eigenem Tierschutz-Newsletter und einem **Tiersuchdienst** (Fahndungsliste mit der Dogge Bobby Huuutsch als Suchhund).

Die Zehn Gebote der Katzen

1. Ich bin Gott der Herr in meinem Haus.

2. Du sollst keine Haustiere neben mir haben.

3. Du sollst mich nicht ignorieren, aber …

4. … ich werde dich ignorieren, wenn mir so ist.

5. Du sollst mir dankbar sein, daß ich dir Zeit schenke.

6. Denke an meinen Napf und halte ihn voll.

7. Gib dein Geld für Geschenke und Spielzeug aus.

8. Halte immer deinen Schoß für mich frei.

9. Du sollst mich mit Aufmerksamkeit überschütten.

10. Du sollst alles tun, um mich glücklich zu machen.

Frei nach www.mooncrystal.com/~gypsy/cattrivia

Katzenhotels & Pensionen

Nicht immer dürfen – und wollen – Katzen mit, wenn ihr Mensch verreist. Nicht nur deshalb, weil Katzen als eigenständige Wesen nicht sklavisch wie Hunde den Spuren ihres Herrn folgen, sondern weil ein guter Teil ihrer Welt auch das Haus, der Garten und die nähere Umgebung sind, in der sie leben. Nicht immer können Katzen dort allein bleiben.

Vielleicht gefallen Ihrer Katze oder Ihrem Kater ja auch ein paar Tage allein, ohne den geliebten, aber doch manchmal ein bißchen anstrengenden Menschen, unter anderen Katzen von Welt, umsorgt von kompetentem und zuvorkommendem Personal, die Delikatessen der Katzenwelt genießend? Und vielleicht trifft es sich ja, daß Ihre Katze oder Ihr Kater dort einer Begegnung haben, die ihr weiteres Leben beeinflussen könnte …

www.villa-maunz.de

Katzenhotel und Tierpension der **gehobenen** Ausstattung in Overath (30 Minuten von Köln). Jede Katze hat ihr eigenes „Zimmer" und alles, was sie braucht: Schlafhöhle, Sitzbretter für ungestörten Ausblick, Kratzbaum, weiche Decken und ein eigenes Katzen-WC. Wasser- und Futterschüssel werden selbstverständlich nicht mit anderen geteilt. Preise ab 14,- DM inklusive Futter.

private.addcom.de/katzenhotel

Dieses Katzenhotel in 03172 Guben bietet Unterbringung in kleinen Gruppen und kostet von 9,- DM bis 15,- DM (Einzelunterbringung) pro Katze und Tag, Markenfutter, Kratzbäume und Betreuung (ein Mensch pro fünf Katzen) inklusive.

www.hunde-hotel.de

Dieser Betrieb in 24623 Brokenlande bietet viel für 15,- DM pro Katze und Tag: Tierpfleger, Einzelhaltung, Freiauslauf, Augen-, Ohren- und Fellpflege, individuelle Futterwünsche, Weiterbehandlung mit Medikamenten, bei Bedarf tierärztliche Betreuung. Allerdings sieht es so aus, daß hier die Hunde dominieren, für die auch Kurse und Dressuren angeboten werden.

Einige weitere Katzenhotels und ihre Sites:

www.katzen-hotel.de

84072 Au in der Hallertau (Nähe Freising)

www.miau.de/hotel/foyer.html

91346 Wiesenttal-Muggendorf

www.katzenhotel-aristo.de

96103 Hallstadt

Ein wirklich sehr brauchbares Verzeichnis mit nach Postleitzahlen geordneten Katzenhotels finden Sie unter:

www.katzenhotel.de

www.katzenpension.de

Wenn Muschi geht

Sie kennen doch die Geschichte von der Regenbogenbrücke? Eine Brücke in den Farben des Regenbogens verbindet Himmel und Erde. Auf dieser Seite der Brücke liegt ein Land mit klarer Frühlingsluft, saftigen Wiesen und sanften Hügeln. Wenn ein Tier auf der Erde in den ewigen Schlaf fällt, geht es zu diesem paradiesischen Ort. Alte und kranke Tiere sind wieder jung und gesund. Dort leben alle Tiere friedlich zusammen. Nur eines vermissen sie: die geliebten Menschen, mit denen sie auf der Erde zusammen waren.

Hin und wieder aber unterbricht eines von ihnen sein fröhliches Spiel und sieht auf. Ein Mensch ist gekommen, um gemeinsam mit seinem Tier die Brücke zu überschreiten, und Mensch und Tier werden nie wieder getrennt sein. (Die hier nacherzählte Geschichte stammt aus dem Englischen, der Autor ist unbekannt.)

Wenn Sie Ihrer Katze ein Denkmal setzen wollen, während sie im Land vor der Regenbogenbrücke auf Sie wartet, können Sie vielleicht einen der Links zu virtuellen Friedhöfen nutzen.

www.friedhof-online.de

Der Domain-Name klingt zunächst makaber, aber wenn man richtig darüber nachdenkt: Warum eigentlich nicht? Willkommen also auf dem Friedhof für Menschen, Tiere, Kuscheltiere, Tamagotchis und Furbys, geschaffen, um unseren Lieblingen ein Denkmal zu setzen. Bilder des verstorbenen Tieres oder auch Tonaufnahmen oder kleine Filme halten das Andenken wach. Verstorbene sind in bester Gesellschaft: Irgendwer hat schon Willy Millowitsch beigesetzt. Ist doch makaber?

Die Kosten für die virtuelle Trauer: Anzeigen mit einem Bild und Untertext sind kostenlos, ebenso Anzeigen für Arbeitslose, Schüler oder Menschen ohne Einkommen. Für aufwendigere Bestattung liegen die monatlichen

Kosten zwischen 6,- und 25,- DM, zuzüglich Aufwand für die Gestaltung der Seiten (bis 250,- DM und darüber je nach Aufwand).

www.katzenfriedhof.de

Liebevoll gestalteter virtueller Ort, eine Art Mausoleum (Maus-oleum?) – jede Katze hat ein Grab mit Foto, ewigem Licht und Sinnspruch. Man nimmt den Katzen-Trauernden wirklich ernst, hier wird er verstanden. Dafür kostet das Katzengrab 30,- Euro, die Katzen-Gruft 40,- Euro, Erstellungskosten inklusive. Beide bleiben für jeweils fünf Jahre bestehen. Damit die Lebenden nicht vergessen werden, finden sich Katzengeschichten aus dem Leben und ein recht lustiger Katzen-Knigge. („Als allgemeine Regel gilt, daß man sich immer zu dem Menschen setzt, der beschäftigt ist, und nicht zu dem, der im Moment nichts tut.")

Sie wollen Ihre Katze lieber kostenlos bestatten? Dann finden Sie hier den richtigen Ort im Netz:

www.virtuellerfriedhof.de

Geschmackvoll und liebevoll gestalteter, gebührenfreier Friedhof für alle Tiere, nicht speziell für Katzen.

Die Anmeldung online ist einfach. Zum Grab können ein Kondolenzbuch und ein Besucherzähler gewählt werden. Der Betreiber der Seiten verlangt keine Gebühren, bittet aber um Spenden.

www.friedhof-der-tiere.de

Ein liebevoll gestalteter virtueller Friedhof mit Kerzen und Kreuzen. Wenn Ihr Tier „beigesetzt" ist, erhalten Sie automatisch eine E-Mail-Benachrichtigung. Ihr Liebling bleibt dann für die Dauer von 30 Jahren (!) – auf Wunsch auch länger (!!!) – in Unvergessenheit. Der Friedhof ist für alle Tiere angelegt. Pro Beisetzung wird eine Spende von 20,- DM erbeten.

„Man hat den Eindruck,
daß die moderne Physik
auf Annahmen beruht,
die irgendwie dem
Lächeln einer Katze gleichen,
die gar nicht da ist."

Albert Einstein

virtueller-tierfriedhof.de

Gestaltungsmäßig der Schocker unter den Tierfriedhöfen (verformte Schriften, Cartoons) zumindest wenn man zuvor einige andere gesehen hat. Dennoch beliebt; die Zahl der Gräber ist groß. Das einfache Grab ist kostenlos; für ein Grab mit Foto werden 25,- DM verlangt. Außer Katzen können Hunde, Nagetiere, Vögel, Reptilien, Fische und andere Lieblinge beigesetzt werden. Irgendein Scherzkeks hat seine Spitzschlammschnecke verewigt …

www.mycemetery.com/ my/pet_menu.html

Tierfriedhof in englischer Sprache mit sehr lebendigem Umfeld: Tierportraits, Gewinnspiele usw.

„Du bist internetsüchtig, wenn deine Katze sauer ist, weil dein Hund die schönere Homepage hat.“

Aus dem Internet

Märchen, Mythos & Magie

Ihr Stammbaum ist lang – nicht nur im alten Ägypten hatten Katzen das Sagen. So die katzenköpfige Göttin Bastet oder Bast, die einen Tempel in Bubastis besaß. Und die Kriegsgöttin Sachmet oder Sekmet mit dem Kopf eines Löwen, eine angriffslustige Gottheit, die die zerstörerische Kraft der Sonne symbolisierte.

www.homestead.com/sekhmet9/ index.html

Die Seiten der Katzengöttinnen: Hier erfahren Sie, wie man im alten Ägypten die Katzengöttinnen verehrte und wer Bast und Sekmet eigentlich waren – in englischer Sprache.

members.nbci.com/chaxchax/maerch/abc.html

Auf dieser Seite hat jemand seiner Sammelwut freien Lauf gelassen: weit über tausend Märchen, Sagen und Fabeln sind hier zusammengetragen, darunter etliche zum Thema Nr. 1: Katzen. Hier finden sich u.a.:

- Kater Martinchen
- Katze und Maus in Gesellschaft
- Der arme Müllersbursch und das Kätzchen
- Der gestiefelte Kater
- Der Kater und die alte Ratte

Sie werden sicher noch ein paar weitere finden, denn der alphabetische Aufbau der Site macht das recht einfach.

www.answersleuth.com/animals/cats/cat_gods.shtml

Umfangreiche Linkpage mit Tierlinks vom Erdferkel bis zum Zebra; hier: zahlreichen Verbindungen zu Katzengötterseiten – alles auf Englisch.

Katzen spielen eine wichtige Rolle in Märchen, Sagen und in der Literatur. Für Sie im Internet wiedergefunden:

www.w-kolodziej.de/silberp1.htm

Das Buch „Silberpelz" von Gabriel Scott schildert die Abenteuer einer Katze – als ganzes Buch mit Illustrationen im Netz. Es hat tatsächlich einen beachtlichen nostalgischen Charme.

Katzenträume und ihre Deutung

Träume von einer gefleckten Katze bringen Glück.

Träume von einer roten Katze
bedeuten Geld und Erfolg im Beruf.

Träume von einer mehrfarbigen Katze
verweisen auf neue Freundschaften.

Träume von einer schwarzweißen Katze
deuten auf Kindersegen hin.

Gescheckte Katzen im Traum
bringen Glück in der Liebe.

Bist du selbst im Traum die Katze,
hast du persönliche Probleme.

gutenberg.aol.de

Große Sammlung von Märchen, Sagen und Fabeln, nach Autoren geordnet, aber mit Volltextsuche. Wenn Sie „Katze" eingeben, finden Sie z.B. die Texte „Auf die Katze des Petrarch" – „Die Nachtigall und die Katze" – „Maushund" (ein recht origineller Name für die Katze, aber so ganz und gar falsch) – „Wer hängt der Katze die Schelle an?" und „Minka, die Katze". Man kann auch eigene Fundstücke als Ergänzung einsenden.

home.nexgo.de/biggis-welt/BiggisWelt

Hier finden Sie unter „Spezielles" das Märchen von den Bremer Stadtmusikanten, in dem ja eine Katze keine tragende (das macht der Esel), sondern eine entscheidende Rolle spielt.

www.fulgura.de/autor/hel/zirzeit1.htm

Seite einer literarischen Zeitschrift, die Texte feliner Natur anbietet, einige davon online verfügbar (leider nicht viele). Was nachzulesen ist, verspricht viel. Die Ausgabe der Zeitschrift auf Papier wird zu 8,- DM angeboten.

www.katzenfrau.de

„Frauen & andere Katzen" – Kurzgeschichten, Märchen und erotische Erzählungen der Autorin Carola Heine.

www.drachental.de/3xswkat0.htm

„Dreimal schwarzer Kater" – ein Katzenroman von einem mysteriösen Autor namens „Moordrachen", der sich hinter der E-Mail-Adresse moordrachen@drachental.de verbirgt.

Da fällt mir ein: Wußten Sie eigentlich, daß Katzen und Hexen in finsterer Vergangenheit ein festes Team waren und es in den Vorstellungen der Menschen noch heute sind? Das konnte und kann für die Katzen böses Folgen haben …

alt.xmission.com/~E-Mailbox/folklore.htm

Auf dieser Seite in englischer Sprache erfahren Sie vieles über Katzen und Aberglauben. Die Themen: Katzen als Wahrsager – Was geschieht, wenn man eine Katze verletzt? – Katzen als Glücks- und Unglücksboten – Katzen und die Kranken, Sterbenden und Toten – Katzen und das Leben nach dem Tode – Katzen als heilige Wesen – Katzen und Hexen ...

www.meow.net/superstitions.html

Hier gibt es – auf Englisch – Aberglauben in Kurzform, nämlich dieser Art: Leckt die Katze ihren Schwanz, so kommt ein Sturm. Tritt man eine Katze, so wird das tretende Bein schon bald der Rheumatismus ereilen ...

Kreuzt eine schwarze Katze deinen Weg, so bringt dies Unglück. Gegenmittel: Umdrehen und zurück an den Ausgangspunkt. Das wendet das Unheil ab. Aber: Es bringt Unglück, nachts einer Katze zu begegnen ...

Wohin Aberglauben führt, das sehen Sie hier: Es ist kaum bekannt, daß die Schwarze Pest, die Europa überzog, zum Teil durch Katzenhaß verursacht wurde! Manche Leute glaubten nämlich, daß Frauen mit schwarzen Katzen Hexen seien und fingen diese ein. Wen?

Die Katzen oder die Frauen, wollen Sie wissen? Hier darf ich sprachlich getrost ungenau sein, denn Frauen und Katzen erlitten dasselbe Schicksal: Sie wurden gefangen und verbrannt. Makabere Folge dieses Vorgehens: Die Ratten waren die lachenden Dritten, vermehrten sich wie der Teufel und verbreiteten über ihre Flöhe die Pest. Was lernen wir daraus? Nur Schwachsinnige vergreifen sich an Katzen. Und: Es kann sehr ungesund sein, keine Katze zu haben.

www.geocities.com/Heartland/Meadows/8579/supers.htm

Die komplizierten Varianten des Katzen-Aberglaubens in englischer Sprache: Katzen als Maskottchen, Unglücksboten, Reichtumsgarantie, Mittel gegen schlechtes Wetter, makabres Fruchtbarkeitshilfsmittel (im Acker eingraben ...), Heiratsverhinderer, Fiebermittel, Feuerschutz und vieles mehr. Sehr informativ!

www.mooncrystal.com/~gypsy/cattrivia

Aberglauben zuhauf: Wetterregeln, Katzenfabeln und -legenden, Katzentraum-Interpretationen, Katzen in der Geschichte, religiöse Katzensagen, Katzensprichworte, das Baden einer Katze als Akt der Kriegskunst und – zugegeben, nicht sonderlich verbunden mit dem Thema Magie – politisch korrekte Katzensprache. Dazu noch Katzenzitate, Katzenquiz und – scheinbar ganz am Rande – wertvolle Fakten. Eine der vielfältigsten Katzenseiten im Web, aber leider auf Englisch.

www.exmission.com/~E-Mailbox/rebecca.htm

Eine englische Geschichte über ein Ereignis in Danvers, Massachusetts, im Jahre 1692. Sie erklärt, weshalb Hexen und schwarze Katzen in den Vorstellungen der Menschen miteinander verbunden werden. Sehenswert: das Herbstlaub auf dieser Seite

Springt in Transsylvanien
eine schwarze Katze
über eine Leiche,
wird aus dieser
ein Vampir ...

Die 999 Grundregeln des Aberglaubens,

Kapitel Katzen

„Bist du eines Fischers Frau,
so halte eine schwarze Katze.
Schwarze Katzen im Haus
vertreiben Unglück und Not
bei tosendem Wetter
zu Wasser und zu Lande."

Maritimes Urwissen

www.geocities.com:0080/Athens/Agora/3210/Hexen.html

Eine Seite, die bestätigt, daß Katzen neben Besen, Kessel und Pentakel unverzichtbares Hexenzubehör und somit Diener der Schwarzen Magie sind.

www.tigger-tours.com/hexentour.htm

Auf ungewöhnliche Weise nähert frau sich auf dieser Seite dem Thema: Die Hexentour ist eine Motorradreise für Frauen, auf den Spuren von Hexen und schwarzen Katzen …

www.welt-der-katzen.de

Wußten Sie schon, daß eine schwarze Katze mit weißem Fleck nicht im Hause geduldet werden darf, denn ihr Atem ist für Wickelkinder tödlich … Solches und ähnliches Wissen sowie einige Katzensprichworte sind hier gesammelt. Übrigens auch sonst ein sehenswerter Ort zum Thema Katze.

home.t-online.de/home/katzenhilfe-stuttgart/aberglau.htm

Noch mehr Katzenaberglauben in Kurzform.

**„Wer die Katze
ins Wasser trägt,
der trägt sein Glück
aus dem Haus."**

**„Mit dem Gewehr,
mit dem eine Katze
erschossen wurde,
trifft man nichts mehr."**

Katzen-Cartoons im Netz

Zwar werden Comics und Cartoons weder online gelesen noch im Regelfall vom Server heruntergeladen, aber – ob www.garfield.com oder Fritz The Cat – alle haben sie ihre Seiten im Web. Statten wir einigen einen Besuch ab.

www.bouska.com/fritz

Die Klassiker zuerst, obwohl … die Jüngeren kennen ihn gar nicht mehr, den ziemlich verkifften und rudelbumsenden Freakkater Fritz aus den 60er Jahren, der ständig auf der Flucht vor den Bullen war. Zeit, ihn kennenzulernen! Dazu gibt es hier Gelegenheit genug:

Bilder-Galerie, Sound-Clips, Film-Samples, Videos und DVDs und andere Crumb-Comics (z.B. Mr. Natural) sind im Angebot. Dazu einige substantielle Robert-Crumb-Links. Far out, man!

www.ebay.de

Das elektronische Auktionshaus hat auch eine Cartoon-Abteilung, und zum Zeitpunkt meines Besuchs wurden 353.880 (!) Fritz-The-Cat-Artikel angeboten!

www.garfield.com

Bunte Seite mit einer Menge zum Gucken, z.B. Comics. Screensavers mit Garfields zum Downloaden. Wer mag, kann sich auf dem GMail-Server anmelden und eine Mail-Adresse mit der Endung garfield.com führen – eigentlich für jeden Katzenmenschen ein Muß …

www.dharmathecat.com

Bhuddismus pur – die Akteure sind ein Novize, die Katze Dharma und eine völlig dem Käse verfallene Maus namens Siam. Was braucht es mehr für ein Stück Weltliteratur?

www812.l2.xodox.com

Startseite von HMS-Comics, auf der es dem Kater Tom mächtig ans Leder geht. Unter

www812.l2.xodox.com/tom.htm

finden sich ebenso niedliche wie makabere Katzencartoons mit Tom, dem Chaoten-Kater. Der tappt in jedes Fettnäpfchen und stirbt daher sehr häufig. Statement seiner Schöpfer: „Er ist nett und lieb zu jedem, aber die anderen nicht zu ihm. Tom kann einem leid tun, aber einer Katze hat ja neun Leben und Tom sogar unendlich viele. Er wird oft auseinandergerissen und zerstückelt. Wie auch immer, Tom nimmt alles ganz locker und freut sich seines Lebens, und hoffen wir doch mal, daß er es noch lange tun wird!"

www.offthemark.com/cat.htm

„Es geht besser, seit wir dem Kater die Krallen geschnitten haben!", tönt der ahnungslose Katzenhalter, sieht aber nicht, daß die geschundenen Katze hinter der Tür mit der Kettensäge lauert … So und von ähnlichem Kaliber sind die Katzen-Cartoons (Off-The-Mark-Cartoons) auf diesen Seiten (über dreißig zum Thema Katze übrigens). Sie werden nie wieder nach einem originellen Katzen-Cartoon zu irgendeinem Zweck suchen müssen. Und das alles umsonst. Respekt, Mark Parisi! Wo ist der deutsche Verlag, der dich bringt?

www.fatcatoons.com

Leider etwas langsam beim Laden, aber sonst recht flott: Ein Strip pro Tag. Manche für den ungeübten Leser recht verstiegen …

**„Ja, dagegen läßt sich
nichts machen“, sagte die Katze,
„hier sind alle verrückt.
Ich bin verrückt. Du bist verrückt.“
„Woher weißt du denn,
daß ich verrückt bin?“ fragte Alice.
„Mußt du ja sein“, sagte die Katze,
„sonst wärst du doch
gar nicht hier.“**

Lewis Carroll

calvin-hobbes.homepage.com/index.htm

Der kleine Calvin und sein Stofftiger Hobbes erleben Abenteuer, die Erwachsenen manchmal verborgen bleiben. Hier: nette Bilder von Hobbes (und Calvin).

www.ftcitems.com

Einer der Veteranen des Katzen-Comics ist Felix The Cat, seit 1919 aktiv. Diese Seite ist ihm gewidmet, bietet Felix-Postkarten und Collectibles rund um den Kultkater.

www.cartoonnetwork.com/doc/tomjerry/index.html

Der Gag der Trickfilm-Reihe: der Kater Tom kriegt die Maus Jerry letztlich nie. Hier gibt es Hintergrundinfos, Clips, Storyboards und vieles mehr.

www.borg.com/~rjgtoons/fun.html

Zwei Katzen am Computer haben Hunger. Was tun sie? Sie suchen die Domain www.somebody-feed-us.com.

Randy Glasbergens Animal Cartoons haben zwar nicht immer Katzen als Akteure, aber wenn, dann kommt es dicke. Herrlich reduzierte Zeichnungen, treffgenaue Gags – wo seid ihr, deutsche Katzen-Cartoonisten?

www.cartoonnetwork.com/doc/snagglepuss

Hier geht es um Snagglepuss, eine nette rosa Pussy. Bei uns nicht sehr bekannt, aber deshalb nicht unflott. Auch hier: Hintergrundinfos, Sample-Clips, Storyboards und so weiter.

www.galent.com/camelot/wavs/tweety/deadbird.wav

Sie kennen den Kater Sylvester mit dem abgrundtief bösen Blick und sein Daueropfer Tweety, das Unschuldsvögelchen? Unter dieser Adresse sind die beiden akustisch repräsentiert: Sie können sich viele Wav-Files herunterladen, die so nette Titel wie die folgenden tragen: Crushed – OhOhFlee – DeadBird – HipATwit – Sufferin Sucotash- IDidIDid – SylvesterLaff – JingleBells ... Vielversprechend, oder?

www.dragg.net/users/pennywitt/sylvester/sylvester.htm

Sie sind mehr der visuelle Typ? Herzzerreißende Bilder von Sylvester und Tweety finden sich hier, und das in Farbe und recht guter Auflösung.

www.catshome.de/holzwer/ofbluecastle/comic.shtml

Uli Steins Cartoons haben mittlerweile Kultstatus. Seine Katzen sind ebenso einmalig wie treffend. Hier finden Sie eine kleine Kollektion, die Sie dazu bringen könnte, anderenorts weiterzusuchen.

www.witzig.at/tiere.htm

Eine kleine Sammlung von Tierwitzen, auch zu so exotischen Arten wie Schnecke, Känguruh, Krebs, Oktopus, Pfau und Frosch, aber natürlich ebenso etwas für feline Interessen: Es gibt Katzen-Cartoons der gehobenen Art: Katzen, die Piranhas und Goldfische nicht unterscheiden können, Kater, die Boomerangs verschlucken und eine Katze in der Kuckucksuhr. Sehr niveauvoll.

Von Menschen & Katzen

Von bescheidenen Katzen wollte ich Ihnen berichten, die zusammen mit prominenten Menschen leben, wunderbare Villen bewohnen und im Netz zu finden sind. Sie sollten beeindruckt sein von sehr privaten Sites mit liebevollen Statements und vielen bunten, erregenden Fotos. Pustekuchen! Wenn überhaupt, gibt es nur wenige Sites, die sich mit Prominenten und ihren Katzen befassen:

www.petsandvets.com/celebrities.htm

Viele Hunde, wenige Katzen – dafür aber richtig große: bei Siegfried und Roy … Ganz anders normale Menschen wie mein zweibeiniger Dosenöffner und Sie, lieber Leser. Hier finden Sie wirklich menschlich-kätzliches Zusammenleben pur:

members.tripod.de/KaterFelix

Die Gedenkseite für Kater Felix mit Bildern und seinem Original-Miau als .wav. Dieser Ort des Gedenkens hatte schon mehr als 1000 Besucher, wie der dortige Counter beweist.

home.t-online.de/home/fuchs.igel/zauber.htm

Zwei Katzen und „Sorcerer's Grove", eine Welt voller Feen, Trolle und Zauberwesen, wie sie für Katzenmenschen und ihr Innenleben vielleicht ganz typisch ist. Wenn nur die Startseite etwas besser lesbar wäre …

home.t-online.de/home/compust/a.htm

Mit Hexe (Mensch), Elvis (Kater), Rosi (Mensch), Blitz (Katze), Bär (Stofftier) und Felix (Orginal Südtiroler Jagdhund). Dieser wurde von der Katze Blitz artgerecht erzogen, kann „gleichzeitig bis zu sechzehn Rehe (und den zuständigen Förster) zu seinem Herrchen treiben, tut aber den Tieren (und auch den Menschen) nichts."

Eine der witziges Seiten mit Menschen und Tieren, die ich bisher gesehen habe. (Hinreißend! Der Verlag)

www.bigub.de/fuchs/felix.htm

Das „Hohelied über die Standhaftigkeit" besingt das Verhältnis zwischen Katzen und Menschen.

www.bz-berlin.de/bz/rat/tier.htm

Wie sehen uns die Katzen? Lebenspartner oder Ersatzeltern? Katzenexpertin Carola Ruff antwortet auf Leserfragen, nicht nur zum Verhältnis Mensch-Katze, sondern auch zu Fragen des problembehafteten Zusammenlebens. Einige der Themen: Warum spielt unsere Katze verrückt? Was tun, wenn meine Katzen markieren? Wie treibe ich meiner Katze das Fischen aus? Warum geht Mieze nicht aufs Klo? Warum zupft sich die Katze die Haare aus? Nebenbei: Auch für die Halter anderer Haustiere gibt es wertvolle Tips – sogar für Chinchillas …

„In den Augen einer Katzen gehört alles den Katzen."

Englisches Sprichwort

Die Kramkiste

Schäferhunde, Dackel, Pudel und Pinscher – wie der Hund, so der Herr. Katzen und Katzenmenschen hingegen passen – anders als Hunde und ihre „Besitzer" – nur schwer in Kategorien. Auf diesen Seiten folgt, was nicht in die bisher verwandten Kategorien paßt. Beginnen wir mit den dunklen Seiten des Katzenlebens:

themen01.exit.de/internet/member/fiona/x071.htm

Kater und Drogen – ein abschreckendes Beispiel für Alkohol- und Nikotinmißbrauch …

www.tierservice.com/card/card1/cardde_1.asp

Ihre E-Mails bekommen eine besonders schnurrende Qualität, wenn Sie ein Katzenfoto mitsenden. Das geht ganz einfach, und hier wird es Schritt für Schritt erklärt.

www.crosswinds.net/~screensaver4you/tiere.htm

Hier gibt es Bildschirmschoner, u.a. auch welche mit Katzen, aber nach denen muß man etwas suchen.

bennyhills.fortunecity.com/billmurray/532/cats/cathumor.html

Katzenhumor vom Feinsten, und leider (wieder) nur auf Englisch. Wer's kann, hat Spaß. Garantiert. Und das nicht nur für drei Minuten.

www.i-love-cats.com/comics.shtml

Jeden Tag ein Katzen-Cartoon, bei meinem Besuch dieser: Eine über und über mit Katzenhaaren bedeckte Frau sitzt bei der Wahrsagerin. Die schaut in ihre Glaskugel und verkündet: „Sie haben eine langhaarige gelbe Katze!" Die Klientin staunt und denkt: „Wow! Ist sie nicht großartig?"

www.i-love-cats.com/games/tictactoe/tictactoe.htm

Tolles Online-Tic-Tac-Toe (das Spiel mit den drei Kreuzen in einer Reihe) mit Katzenmotiven. Rattenschnell und schwer zu schlagen (nicht für Sie, für den Durchschnittskater ...).

www.i-love-cats.com/games/puzzle/puzzle.html

Derselbe Link und noch ein Spiel; das java-basierte Katzenpuzzle wird einen nicht gerade stundenlang faszinieren, aber immerhin ...

tiere.freepage.de/wysocki/catpeople.html

Unter Sounds eine Auswahl der seltsamsten Geräusche, die aus Katzenmäulchen (... und fallweise auch menschlichen Tonquellen) kommen können. Sie finden als Wav-Files: Fauch-Geschrei, Mini-Miezen-Miau, ein süßes Miauen, ein kurzes Miau, ein quengelndes Miauen, das Miau-Lied, gesträubtes Fell live und das „böse" Miau-Lied, den „Laßt mich rein!"-Sound und ein geradezu makroskopisch eingefangenes Geschnurre. Viel Spaß! Alle Katzen-Sounds als Zip-Datei verfügbar.

www.katzenhilfe.at/Unterhaltung/unterhaltung.htm

Was passiert, wenn Katzen Viagra bekommen? Unter obigem Link erfahren Sie es. Schonungslos. Hart wie das Leben.

www.catoftheday.com

Jeden Tag eine neue Katze des Tages; nicht unbedingt ein Muß für jeden Surfer, aber manche Fotos sind niedlich. Aber: bisher gibt es nur Katzen aus den USA und Kanada.

www.bigwoodart.com

Ausgefallen schöne Katzenkunst mit Papier und Schere – und das für 150,- Dollar pro Bild.

Pfoten weg!

Haarsträubend! Warum man unter einer Web-Adresse wie z.B. www.pussy.com nicht unbedingt etwas über Katzen erfährt? Schauen Sie rein in diese Links, die mit Katzen und Katzenähnlichem Werbung machen. Irgend etwas „Katziges" haben die Seiten immer, aber ohne Rücksicht auf Verluste werden wir harmlosen Haustiere hier ausgebeutet. Dabei hegen die Eigner dieser Seiten ganz andere Absichten …

www.cathate.co.uk

Eine britische Katzenhasser-Clubseite – Motto: „Cats roam around freely, killing birds and small mammals, spreading diseases and fouling our gardens with their excrement …" – Alles klar?

pages.whowhere.com/internet/fauch

Schwarzer englischer Humor? Chris Cat Eradication Services bietet Fachwissen für Katzenhasser. Hobbys des Seitenbetreibers: Finding The Cats – Blowing Up Cats – Trapping Cats: Die Katze finden – Die Katze in die Luft sprengen – Katzenfallen stellen. Was mag den Mann bewegen? War er in einem früheren Leben vielleicht mal 'ne Maus?

personal.netwrx.net/ldld/ldcats.htm

Fiese Katzenwitze – nichts für zarte Gemüter. Kostprobe: Wenn eine Katze fällt, landet sie immer auf ihren Pfoten. Wenn eine Scheibe Toast fällt, landet sie immer mit der gebutterten Seite nach unten. Wenn man einer Katze eine gebutterte Scheibe Toast auf den Rücken bindet …

alfkatzenkochbuch.foru.de

Hier wird keineswegs *für* die Katze gekocht: Die 1000 Tips von Melmacs Miezen-Meisterkoch gehören eher in die sadistische Richtung: So schlachtet, brät und serviert man Nachbars Liebling. Denn: Es gibt immer noch Hausfrauen, die noch nie eine Katze zubereitet haben. Wer steckt hinter dieser antifelinen Teufelei? Ein Außerirdischer! Das seltsame Wesen namens Alf ist als Katzenfresser bekannt. Jetzt hat er auch noch seine Homepage mit Katzenrezepten. Z.B. Katerfrühstück. Oder Katze auf dem heißen Blechdach. Widerlich? Oder lustig?

www.kleine-maus.ch/Petra

Warum müssen Katzenseiten ernst sein? Diese hier ist es nicht. Aber muß Pussy denn gleich eingemacht werden, damit es lustig wird? Der Katzenpsychologische Beratungsdienst von Prof. Dr. Petra Prügel-Peitsch geht ge-

wagte Themen an: Cindys kleiner Liebling möchte eine Dauerwelle – ist das schädlich? – Andreas' Katze betrügt ihn hinter seinem Rücken mit dem Postboten! – Was ist zu tun, wenn der kleine Liebling heimlich raucht? – Bewahren Sie Ihren kleinen Liebling vor einem Abstieg in die Gosse – Heikel, sehr heikel – wie kläre ich meine Katze auf? – Wie ermögliche ich meiner Katze einen würdigen Abgang von dieser schnöden Kugel? – Und: Muß das alles sein?

www.persiankitty.com

Zwar ist das Motto der Seite, daß Schnurren, Klauen und Neugier dich überall hin bringen, durchaus korrekt, aber diese Linkpage führt Katzen und Menschen eher zu intensiven Studien der menschlichen Reproduktions-Anatomie in Großaufnahme – kurz gesagt: für uns Katzen allenfalls aus wissenschaftlicher Sicht interessant. Oder anders: Hier geht es um kostenfreie Sexbildchen von Menschen – igitt!

www.pussy.com

Dasselbe Thema wie vorher, nur hier soll mensch auch noch blechen ...

www.pussy.de

Dasselbe auf Deutsch – nichts für Katzen …

www.muschi.de

Zwar können Sie hier eine E-Mail-Adresse mit der Endung „muschi.de" kriegen, aber wollen Sie das wirklich? Wenn Sie tatsächlich auf den Link klicken, kommen Sie zur Domain „arschloch.de", und das sagt wohl alles …

www.heisse-miezen.de

Heiße Girls im Livechat, aber nix mit Katzen. Die würden niemals so viel nackte Haut zeigen – wie auch, bei dem Pelz …

www.schwarze-katze.de

Der RCDS ist die Studentenorganisation der CDU, und die „Schwarze Katze" ist das Hochschulmagazin dieser Organisation an der Uni Hannover. Da kann einem ja schwarz vor Augen werden – im wahrsten Sinne des Wortes. Die Cartoon-Katze ist nett.

www.aristocats.de

Katzen, nein danke. Erstaunlich, daß dieser Link nicht von Disney Inc. gesichert wurde …

www.miez-miez.de

Das hat nix mit Katzen zu tun – da will einer originelle Domains vermarkten. Sehr originell.

www.katz.de

Eberhard Katz, Versicherungsdienstleistungen, heißt einfach so und kann nichts dafür. Keine einzige Katze auf den Seiten, aber wenn Sie eine Versicherung brauchen …

www.felidae.de

Seiten, auf denen Sie trotz des Domain-Namens alles finden, nur keine Katzen.

www.tomjerry.de

Klasse, hier gibt es Comics, hab' ich gedacht. Pustekuchen: eine schwule Freizeitgruppe aus Hamburg!

www.fatcatcafe.com

Um den Domain-Namen kann man diese Site beneiden. Aber: Die einzige Katze ist das Cartoon- Logo – sonst gibt es Gott weiß was – nur nix über Katzen.

Linkpages

Wenn Sie bisher nicht genug über Katzen im Web erfahren haben, so finden Sie hier mehr und mehr …

www.geocities.com/Heartland/Valley/8949/katzenlinks.html

www.laboklin.de/l_servic/linkpage.htm

home.wtal.de/cats/Catlinks.htm

www.katzenhilfe.de

www.vincere.de/index1.htm

www.catlike.de/katzen_abc/katzen_abc.html

www.hothspot.de/links/tiere.html#katzen

pridal.de/link.htm

privat.schlund.de/H/HeymelRobert/animal-links/home.htm

www.catshome.de/cgi-bin/zone.cgi?list

www.100.com/top/cats

home.ican.net/~otiss/links/links.html

www.katzennothilfe.de/links/frame.htm

www.webring.de

www.katzennet.de

www.katzen-info.de/links/links.html

tiere.freepage.de/wysocki/catpeople.html

www.animals-angels.de/links.htm

dir.webring.yahoo.com/rw?d=Science/Biology/Animals/Mammals/Cats

Index